Cocinas del mundo | **India**

India

Con los platos de:

Sanjay Dwivedi • J. P. Sing

Cocinas del mundo

COCINAS DEL MUNDO - **India**

Idea original
Jaume Fàbregas

Dirección editorial
Juan Manuel Bellver

Coordinación de la colección
Núria Egido

Asesoramiento gastronómico
Xavier Agulló
R. de Nola
Jorge Osés Labadie

Maridaje vinos/platos (*)
Juancho Asenjo
Luis García de la Navarra

Realización
Mercè Bolló
Esther Buira
Lola Hernández
Carles Llurda
Meritxell Piqué
Carlos Raventos
Pau Raya Castell
Miguel Ángel Sánchez

Fotografía
Christian M. Kempin/ Gastrofotos
Daniel Loewe / Joan Jolis, S.L.
Jordi Adrià - Ferran Izquierdo
Ramesh Choudhry

Edita
Ciro Ediciones, S.A.

Maquetación
New Color Book, S.L.

Diseño de cubierta
WEP Milano

Preimpresión
Digitalscreen

Impresión
Cayfosa Quebecor

Agradecimientos
www.goormet.com por la selección
y búsqueda de restaurantes

Los platos de la cocina tradicional india han sido elaborados por:

Restaurante Annapurna (Harikrisha Shrestha), págs. 18, 34, 42, 44, 46, 48, 50, 52, 54, 56, 58, 60, 72, 76, 78, 82, 88, 90, 92, 94, 96, 98, 100, 102, 104, 106, 108, 110, 112, 114, 116, 118, 120, 122, 124, 128, 134, 136, 138, 140, 142

Restaurante Govinda (Kamaca Caran Dasa / Carlos Castrillón Damico), págs. 20, 22, 24, 26, 30, 32, 36, 38, 40, 62, 64, 66, 68, 70, 74, 80, 84, 130, 132

ISBN 84-609-5056-5 (obra completa)
ISBN 84-609-5064-6 (volumen XXIV - India)
Depósito Legal: B.20718-2005

(*) La elección y comentario de los vinos que acompañan a las recetas son obra de Juancho Asenjo y Luis García de la Navarra

Sumario

Para abrir boca

Bazar con mil sensaciones, India

Es en India donde mayor cantidad de solitarios he visto jamás. No sé por qué, pero a mí siempre me han provocado curiosidad sus conversaciones en voz alta. Escuchar sus miedos, sus inquietudes, el motivo de sus alegrías y esos aspavientos al aire.

Shashi Tharoor, nuestro guía, nos dijo que el hombre es el ser más despreciable: siempre arrimado a quienes menos problemas dan y a aquello que poco dolor de cabeza trae consigo. Cuando es adolescente, decía, se rodea de sus propios amigos, igual de tontos que uno mismo. Crecidito, harto de no pintar nada, uno se rodea de niños, a los que abrumamos por el tamaño. Ya cuando a los chavales les comenzamos a parecer unos pelmas, nos mandan con la cantinela a otra parte. Y tenemos que refugiarnos en algún animal que nos haga caso. Y al fin, cuando ni el animal nos sobrevive, nos refugiamos, ya ancianos, en el huerto, para contar nuestros lamentos a *okras,* judías, pepinos, hinojos, chiles, cilantros, jengibres y demás primores. ¡Ay!, ese reino vegetal, que escucha sin reclamar nada.

Por último, os he de contar algo que el poeta Prévert dejó escrito: “Las ciudades sólo entregan sus encantos a quienes están dispuestos a entregarles sus pasos sin contarlos”. Leigh fue un fotógrafo que vivió en la Inglaterra isabelina y que pateó India al más puro estilo del peatón. Sin dejar una aldea sin visitar, entrando en las tabernas, en los mercados, en los templos. En sus paisajes se escuchan los susurros de las lavanderas en las regatas, huele a algas y a humo de las hogueras del Ganges. En las escenas callejeras, podrá escuchar las risas de las mujeres pasando delante de tipos bigotudos o el tintineo de los vasos de fino cristal llenos de *lassi* en los cafés de Delhi.

Pero, sobre todo, si uno encuentra alguna vez una fotografía sepia y, por casualidad, pone detrás Jonas K. Leigh en cursiva, que se la acerque al oído. Podrá escuchar el traqueteo del tren camino a Goa o el murmullo y el olor intenso de un bazar de esos que uno cree que sólo existen en los cuentos.

Andoni Luis Aduriz

Cocinas del mundo: India

La gastronomía india es una de las cocinas orientales más conocidas del mundo. La riqueza aromática que aportan sus especias permite convertir sencillas preparaciones vegetarianas en deliciosos platillos para degustar a cualquier hora del día. El delicado equilibrio gustativo de sus propuestas confirma el tópico que sitúa a la cocina hindú entre las más tentadoras e irresistibles del planeta.

Gracias a la fragancia que desprenden sus platos y al peculiar sabor de sus especias, la gastronomía india es una de las cocinas del mundo con un sabor más definido y fácilmente identificable. Pese a que en los países occidentales tendemos a identificar a esta cocina con un único elemento, el *curry,* su verdadera base es la mezcla de especias, conocida bajo el nombre genérico de *masala,* que aporta un sabor muy peculiar a cada uno de sus platos. En realidad, el *curry* es una más de las combinaciones utilizadas por los cocineros hindúes, que acostumbran a jugar con una gama de hasta 25 especias distintas. Junto a la extraordinaria habilidad para especiar sus platos, la cocina india también se caracteriza por su increíble variedad de recetas vegetarianas, fruto de la influencia de la tradición hinduista y musulmana, las dos religiones mayoritarias en la actualidad, pero también del budismo o el jainismo. Pese a la dificultad de fraccionar un país tan extenso y con más de mil millones de habitantes, puede señalarse a grandes rasgos que la cocina del norte es sofisticada, basada en el uso de una enorme variedad de tortas de pan y con las recetas mogoles como principal muestra de su riqueza. Los platos del sur son más ligeros y tienen como ingredientes principales el arroz y el coco. Entre los elementos comunes en todo el país destacan el uso de legumbres, el gusto por los aperitivos o tentempiés para degustar a cualquier hora del día y la importancia de los derivados de la leche, como el yogur o la mantequilla, utilizados a menudo en la elaboración de postres.

El peso de la religión

India es conocida como la tierra de la espiritualidad y la filosofía, por lo que la religión juega un papel fundamental en la vida cotidiana de sus habitantes. Lógicamente, las costumbres gastronómicas también están marcadas por la influencia de las principales religiones del país. Una de las creencias del hinduismo señala que la pureza del cuerpo y la mente puede alcanzarse mediante una dieta saludable, donde debe evitarse la carne –aunque la única prohibida sea la de ternera–, y basar los platos en derivados de la leche. En la actualidad, según el Gobierno de India, el 80% de la población es hinduista, por lo que el vegetarianismo es muy común y está completamente aceptado, especialmente en las regiones del sur.

Si, además, se tienen en cuenta las restricciones del islamismo en cuanto

al consumo de cerdo o alcohol, y las dietas estrictas de religiones más minoritarias, no sorprende que en los restaurantes hindúes existan distintos menús para dar servicio a cada grupo. Por la misma razón, el plato nacional es el *dahl con roti,* literalmente "legumbres con pan", adecuado para todos los colectivos. Junto a los motivos religiosos, la cultura vegetariana también parece responder a las necesidades económicas: los indios consideran que mantener un animal con vida puede resultar mucho más productivo que matarlo para cocinar su carne. El mejor ejemplo son las vacas sagradas del país, de las que se obtiene una larga lista de ingredientes fundamentales en su gastronomía. Debido a las dificultades para conservarla en buen estado, en India no se bebe demasiada leche, sino que se prefiere aprovecharla para elaborar productos con mayor resistencia y que, gracias a su aportación energética, resultan fundamentales en la cocina vegetariana: yogures *(dahi),* para salsas y batidos; quesos caseros *(paneer),* de fino sabor y que soportan altas temperaturas; o mantequilla clarificada *(ghee),* adecuada para freír y saltear en la cocina, y con propiedades curativas.

Arroces, panes y legumbres

Como sucede en la mayoría de países orientales, el arroz es también el principal cultivo en India, donde este cereal se mantiene como el alimento básico de un 65% de la población. La variedad más apreciada es el arroz basmati, de grano largo y muy aromático, utilizado para elaborar platos como el *pilaf,* salteado con cebollas y especias; el *pulao,* con azafrán y servido como acompañamiento de carnes; o el *biryani,* aromatizado con naranja y servido en un plato de pollo o cordero. En el sur, el arroz se muele para preparar, por ejemplo, las pastas utilizadas en las dosas, tortitas de harina de arroz.

Pese a que las principales regiones productoras de arroz se concentran en el norte del país, en estas zonas optan por el pan como elemento imprescindible en sus comidas. La mayoría de los panes *(roti)* son planos y se elaboran únicamente con agua y harina, sin levaduras, en distintos tipos de hornos o planchas. Entre las variedades más habituales destacan los populares *chapati;* los *rumali roti,* muy delgados y flexibles; los *makki ki roti,* especialidad de la región de Punjab y elaborados con maíz, a imagen y semejanza de las tortillas mexicanas; o las diversas tortas con las que se acompañan las carnes y verduras.

La excepción es el *nan,* que sí utiliza levadura y se cuece en hornos de barro o leña, que aportan un sabor especial. Algunos de los panes se rellenan y se sirven como aperitivos.

Junto al arroz y los panes, otro elemento básico en un país pobre como India son las legumbres. Bajo el término *dhal* se conocen tanto a los ingredientes como a los platos realizados con lentejas, judías secas, guisantes o garbanzos. Generalmente se preparan en forma de guiso y se toman con pan, convirtiéndose en uno de los principales aportes proteínicos de la población vegetariana. En el norte, el *dhal con roti* suele ser un guiso espeso, mientras que en el sur toma consistencia de sopa.

La cocina mogol

Las diferencias entre el norte y el sur son consecuencia de las distintas influencias culturales y religiosas recibidas a lo largo de la historia, así como de las diferencias geográficas de cada región. Junto a las antiguas civilizaciones occidentales, India también se ha enriquecido gastronómicamente con las aportaciones de los países de su alrededor y de los colonizadores europeos, que aportaron los alimentos americanos, como los chiles o las patatas.

El dominio británico del país durante cerca de dos siglos impulsó el desarrolló de una cocina de alta sociedad, de la que sobreviven propuestas como la sopa *mulligatawny,* con carne y de sabor picante, o el *kedgree,* un desayuno a base de arroz, pescado desmenuzado y huevos duros.

Entre los invasores de Asia central que ocuparon el norte de India destacan los emperadores mogoles, que introdujeron en el país unos gustos refinados y el amor por la gastronomía.

Los cocineros de la corte combinaron el suntuoso estilo culinario persa con las especias y hierbas aromáticas del país, de lo que resultó una cocina opulenta y extremadamente sofisticada. Entre sus recetas más significativas destacan los *kormas,* estofados de hortalizas y carnes preparados con nata, yogur y mantequilla; las albóndigas *kofta;* o los platos de arroz con frutos secos, como almendras o pistachos.

De Persia también llegaron los hornos de barro *tandoor,* que dan nombre a uno de los estilos culinarios más conocidos del país: el *tandoori.* En estos hornos se cuecen largas brochetas de carne, maceradas previamente en preparados de especias. Este sistema

también se utiliza para cocer pollos enteros o los panes *nan*. Otro de los recipientes habituales en la cocina de la zona es el *karahi,* una sartén con dos asas parecida al *wok*.
En el norte, la carne también se toma picada y muy sazonada en forma de *kebabs*.

El país de las especias

Aunque las especias sean el elemento característico de toda la cocina india, es en las regiones del sur donde su uso alcanza la máxima expresión.
Al parecer, especias como la pimienta negra, la cúrcuma, la mostaza o el jengibre ya se utilizaban en el primer milenio antes de Cristo. Siglos más tarde se añadieron la canela, la nuez moscada, el comino, el cilantro y, procedente del Nuevo Mundo, el chile, convertido ahora en un elemento imprescindible. Los cocineros hindúes conservan las especias siempre frescas, para luego utilizarlas con el fin de sazonar, aromatizar, colorear, espesar o ablandar sus platos. Junto a estas funciones, las especias también tienen propiedades medicinales: por ejemplo, se utiliza jengibre en los platos de legumbres para combatir la flatulencia, o se mastica nuez de betel tras la comida porque estimula la digestión. Entre

las mezclas de especias *(masala)* más habituales destacan el *panch phoron,* procedente de Bengala; el *chat masala,* una salsa picante utilizada en ensaladas; o el *garam masala,* para condimentar carnes y quesos. Aunque sin duda, la más exitosa en todo el mundo es el *curry,* mezcla elaborada habitualmente con jengibre, cilantro, cúrcuma, nuez moscada, cardamomo y semilla de amapola. En la sencilla cocina del sur, donde no llegó la influencia mogol, las especias se utilizan en picantes platos de verduras como el guiso *sambar,* acompañado con pastelitos de arroz al vapor *(idli),* o el caldo *rasam,* ambos elaborados con *dhals.* Junto al arroz, otro de los ingredientes habituales en las regiones del sur es el coco, con el que se cocinan pescados y mariscos. El coco también es la base de alguno de los *chutney,* una conserva agridulce con la consistencia de una mermelada, que se utiliza para acompañar a carnes, aunque también puede tomarse sola junto a un pedazo de pan. Entre los platos típicos también conviene señalar el pato de Bombay, que en realidad se elabora con un tipo de pescado conocido como *bombloe* y presentado frito o con *curry.*

Tentempiés y aperitivos

El estilo de vida del país, que obliga a levantarse muy pronto para evitar las horas de excesivo calor en el trabajo en el campo, ha provocado que los hindúes acostumbren a comer platillos o aperitivos a todas horas del día. Entre las preparaciones más conocidas figura la *samosa,* una empanadilla rellena de carne o verdura al *curry,* que también se encuentra fácilmente en las tiendas de alimentación regentadas por hindúes de las principales ciudades de nuestro país. En el apartado de aperitivos pueden incluirse asimismo las *dosas,* todo tipo de frituras y platos de arroz. Entre los tentempiés, destacan los *chaat,* servidos en hojas vegetales o platos metálicos, como el *bhel puri* de Bombay, mezcla de arroz inflado, patata y mango verde, o el *aloo chaat,* ensalada ácida de patata. El desayuno o cualquier comida que se tome antes de las tres de la

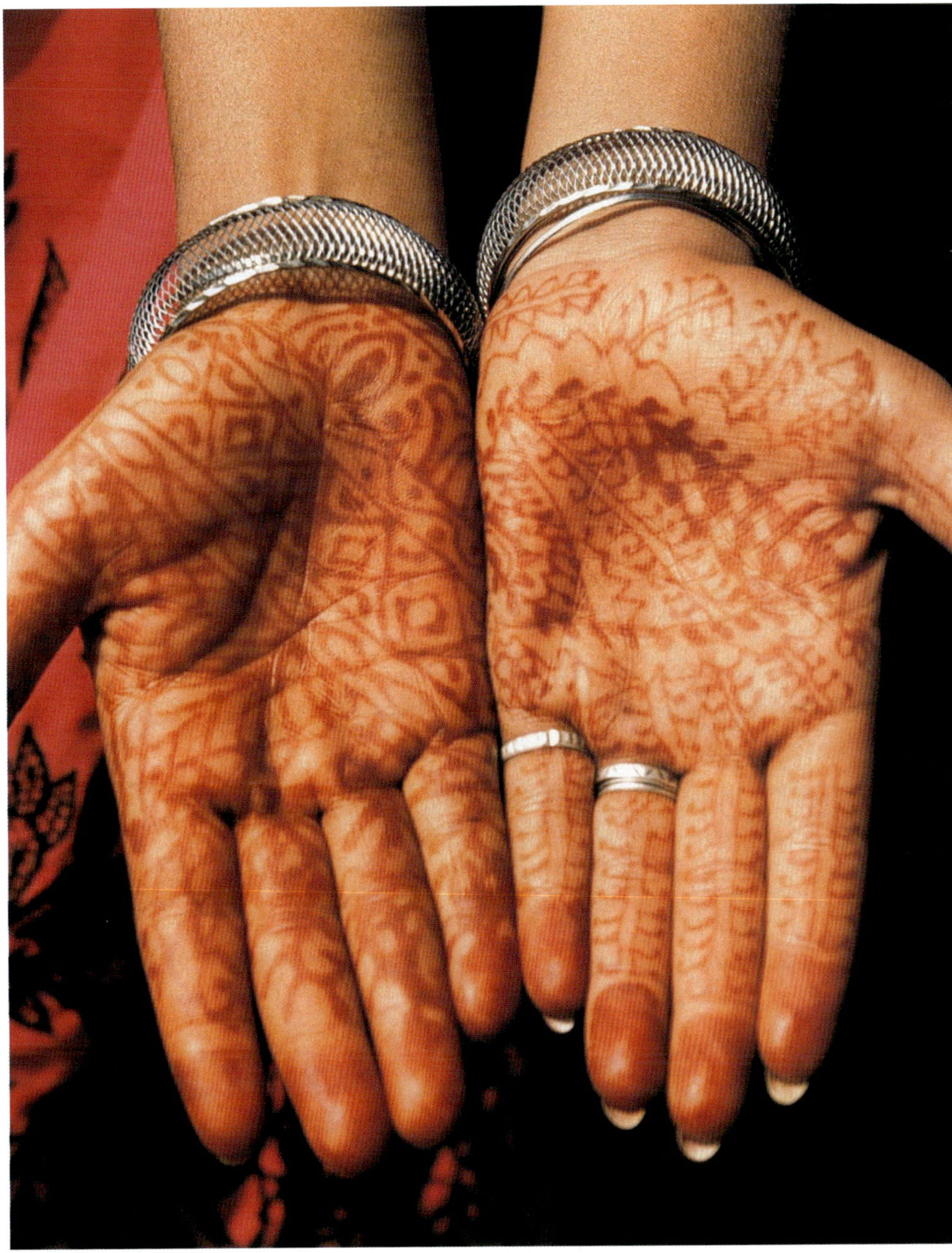

tarde recibe el nombre de *tiffin,* otra herencia de los colonizadores británicos, que combinaban una gran variedad de platillos de cereales, de arroz, panes rellenos o *dosas*.

La comida principal suele constar de un plato de carne y otro de verduras (o dos platos vegetarianos), servidos en pequeñas cantidades en una bandeja redonda llamada *thali*. Estos platos principales también se acompañan de legumbres, ensaladas o sopas ligeras. En todas las comidas también están presentes los panes o los platillos

de arroz. En India, la experiencia aromática y gustativa se completa con las sensaciones táctiles, ya que se suelen obviar los cubiertos para comer con la mano, aunque únicamente puede utilizarse la derecha.

Deliciosos *mithai*

Aunque la mayoría de comidas diarias acostumbran a finalizar con fruta fresca, los indios poseen un extraordinario paladar para la confitería *(mithai),* formada por pudines de leche, pasteles y creps de sabor selecto que acostumbran a regalarse a amigos y parientes en delicadas cajas. La mayoría de los postres se elaboran también a partir de harina de arroz y productos lácteos, que se rebozan en azúcar o grasas para que no se estropeen.
Entre ellos, destacan las *rasgullas,* bolas de crema de queso con agua de rosas; los *gulab jamuns,* de harina y leche con jarabe azucarado; o las curiosas *jalebi,* una fritura de lentejas bañadas en caramelo. A partir del yogur también se elaboran los *lassi,* un refrescante batido que puede aromatizarse con azúcar o con especias. Muchos de los postres son herencia de los colonos portugueses, que ocuparon la actual región turística de Goa durante más de cuatro siglos.
Sea en forma de aperitivo, plato principal o postre, nunca debe olvidarse el respeto de la cultura hindú por la gastronomía.
En India, el acto de comer es todo un ritual en el que deben entrar en equilibrio el sabor de los ingredientes principales con la rica aportación de las especias y hierbas aromáticas.
En la preparación de estos platos en nuestras cocinas conviene no olvidar que las combinaciones de carnes, verduras y especias responden a una cuidada tradición, nada arbitraria, que busca siempre obtener los sabores más potentes. La influencia de la religión en la mayoría de platos y la importancia del vegetarianismo permite, junto a la posibilidad de disfrutar de una de las cocinas más aromáticas del mundo, purificar el alma, aumentar la fertilidad o, en caso de cocinar con *ghee,* retrasar el envejecimiento.

Cocinas del mundo

Entrantes y arroces

Dificultad: media
Preparación: 15 minutos
Cocción: 30 minutos

Khari
Sopa de yogur

Ingredientes para 4 personas

1/2 l de agua
3 cucharadas de yogur natural
1 cucharada de harina de garbanzo
1 cucharada de aceite
1 cebolla
2 dientes de ajo
1/2 cucharadita de cúrcuma
1 cucharadita de mostaza negra en grano
Hojas de curry *frescas*
Sal

El vino

Sírvase con un vino blanco sin crianza de la zona de Mendoza (Argentina), elaborado con torrontés, o con un vino blanco joven de D.O. Tacoronte-Acentejo, de la variedad gual.

Se lleva una cacerola al fuego con una cucharada de aceite y se sofríen la cebolla y los ajos finamente picados junto con los granos de mostaza. Mientras, en un recipiente, se trabaja la harina de garbanzo con tres cucharadas de yogur natural hasta que no queden grumos y, cuando la cebolla está dorada, se vierte la mezcla a la cacerola. Se añade medio litro de agua y se deja cocer la sopa durante treinta minutos a fuego lento, hasta que espese, removiendo de vez en cuando. En el último momento, se incorporan la cúrcuma, una pizca de sal y las hojas de *curry* para aromatizar.

En India se dice que hay *khari* de pobres y *khari* de ricos en función de la cantidad de yogur que se pone en la sopa, puesto que el yogur no es un producto muy asequible.
Si se desea, a esta receta se le puede añadir más cantidad de yogur.

Dificultad: baja
Preparación: 15 minutos
Cocción: 10 minutos

Rasam
Sopa de tamarindo

Ingredientes para 4 personas

1 l de agua
3 cucharadas de tamarindo en polvo
2 tomates
1 cucharadita de aceite
1 cucharadita de comino en polvo
Cilantro fresco
Guindilla (opcional)
Sal

La bebida

Servir con una cerveza Thikka Gold, típica de India, que acompaña muy bien a los platos especiados o picantes.

Se pone a hervir el agua en una olla junto con las tres cucharadas de tamarindo concentrado y el cilantro fresco. Cuando rompe el hervor, se incorporan el comino, el aceite y la guindilla picada y se deja hervir el caldo durante unos cinco minutos. Mientras, se lavan los tomates, se cortan en gajos y se añaden a la sopa, que deberá hervir sólo otros cinco minutos para que el tomate no se ablande en exceso.

Esta sopa digestiva, tradicional del sur de India, suele tomarse antes de empezar a comer y, en la estación cálida, se consume fría.

Dificultad: media
Preparación: 30 minutos
Cocción: 1 hora 30 minutos

Tarkari dhal
Sopa de legumbres

Ingredientes para 4 personas
400 g de mung dahl *(lentejas amarillas)*
200 g de chana dahl *(garbanzos partidos)*
1 cebolla
2-3 dientes de ajo
1 calabacín
1 cucharadita de cúrcuma
1/2 cucharadita de pimentón
Cilantro en polvo
Cilantro fresco

Para la *masala:*
3 cucharadas de aceite
1 cucharadita de comino
1 cucharadita de mostaza negra
5 g de jengibre fresco picado
Panch puran

El vino

Servir con un vino blanco sin madera de A.O.C. Pouilly Fumé (Francia), de la variedad sauvignon blanc, o con un vino blanco sin crianza de D.O. Ribeira Sacra, de la variedad godello.

Se pone una cacerola en el fuego con agua abundante con los dos tipos de legumbres mezclados. Cuando el agua llega al punto de ebullición, se añaden la cebolla, los ajos y el calabacín troceados. A media cocción, se incorporan la cúrcuma, el pimentón, el cilantro en polvo y una pizca de sal y se deja hervir todo a fuego lento durante una hora. Paralelamente, en una sartén o *tawa,* se prepara una mezcla de especias, una *masala*. Se calientan unas tres cucharadas de aceite y se echan todas las especias juntas. Cuando empiezan a chisporrotear, se agregan a la cacerola donde cuecen las legumbres y se mezcla todo. Finalmente, antes de servir, se espolvorea un poco de cilantro picado encima.

Las legumbres se consumen en abundancia en toda India, y cada región cultiva sus propias variedades. Hay lentejas rosas (*masar dahl)*, negras *(urad dahl)* y amarillas *(arhar dahl)*, lentejas que se venden peladas y partidas (como las *mung dahl*, que son amarillas, y las *urad dahl* (blancas), garbanzos pardos *(kala channa)*, garbanzos pelados y partidos *(channa dahl)*, alubias, etc.

Dificultad: baja
Preparación: 20 minutos
Cocción: 15 minutos

Tamatar saar
Sopa de tomate

Ingredientes para 4 personas

1 l de agua
500 g de tomates maduros
1 cucharada de aceite
1 cucharada de nata líquida
1 cucharada de azúcar
Hojas de curry
Cilantro
Pimienta
Sal

El vino

Acompañar de un vino blanco con un ligero paso por barrica con D.O. Verdicchio di Castelli di Jesi (Italia), elaborado con verdicchio, o de un vino blanco sin madera de la Tierra de Castilla y León, de la variedad verdejo.

Primero se lavan los tomates y se trituran. Se lleva una cacerola al fuego con el agua y todos los ingredientes y se deja hervir el conjunto durante un cuarto de hora aproximadamente. Unos minutos antes de retirar la sopa del fuego, se le añade cilantro fresco picado para aromatizar y se rectifica de sal.

El azúcar puede sustituirse en esta preparación por una zanahoria picada, que aportará color al plato y amortiguará igualmente la acidez del tomate.

Dificultad: media
Preparación: 20 minutos
Cocción: 40 minutos

Moong dahl
Sopa de lentejas

Ingredientes para 4 personas

250 g de moong dahl *(lentejas amarillas)*
2 tomates maduros grandes
2 guindillas verdes
10 g de jengibre fresco
3 dientes de ajo
1/4 de cucharadita de cúrcuma
8 hojas de laurel
1 l de agua
Aceite vegetal
Cilantro
Sal

El vino

Servir con un vino blanco seco sin madera pero maduro del Rheingau (Alemania), de la variedad riesling, o con un vino blanco sin crianza de D.O. Somontano, elaborado con gewürztraminer.

Se lleva una cacerola al fuego con agua y, cuando comienza a hervir, se añaden las lentejas previamente remojadas, los tomates troceados, las guindillas y el jengibre picados, una cucharadita de cúrcuma en polvo y un diente y medio de ajo. Se sala al gusto y se deja cocer la sopa a fuego lento durante media hora aproximadamente. A continuación se retiran las lentejas guisadas del fuego y se baten suavemente hasta conseguir una consistencia similar a la de un puré. Se vuelve a llevar la cacerola al fuego, se incorporan el cilantro fresco picado y las hojas de laurel y se deja cocer otros cinco minutos a fuego lento. Mientras, se saltea en una sartén con aceite el ajo y medio restante picado y se incorpora a las lentejas, que deberán cocer otros cinco minutos.

Puede decirse que estas lentejas al estilo de Punjab son el plato nacional para la mayoría de la población india. Las lentejas, y en general las legumbres, son de los productos más asequibles.

Dificultad: media
Preparación: 30 minutos
Cocción: 15 minutos

Kachoris
Pastelillos de *dahl* y especias

Ingredientes para 4 personas
Para la masa:
275 g de harina
50 g de mantequilla
1/2 cucharadita de sal
Agua

Para el relleno:
50 g de urad dahl *(lentejas blancas)*
1 cebolla
2 dientes de ajo
1 cucharadita de mostaza negra en grano
1 cucharadita de comino en grano
1 cucharadita de cúrcuma
1 cucharadita de jengibre fresco picado
Cilantro
Sal
Aceite

La bebida

Aperitivo ideal para acompañarlo con alguna de las numerosas y populares cervezas de India.

Primero se elabora la masa de los pastelillos. Se mezclan bien todos los ingredientes en un recipiente y se trabajan añadiendo el agua necesaria para obtener una masa compacta y homogénea. Se forma una bola y se reserva. Las lentejas blancas se dejan en remojo durante una hora aproximadamente para que se ablanden. Se pican finamente la cebolla y los ajos y se sofríen a fuego lento en una sartén con dos cucharadas de aceite. Cuando empieza a dorarse la cebolla, se incorporan la mostaza y el comino y, a continuación, las lentejas, que se dejan cocer unos diez minutos antes de añadir la cúrcuma, el jengibre y una pizca de sal y de cilantro fresco picado. Se retira la sartén del fuego para dejar que se enfríe la preparación. Una vez preparado el relleno, se cogen bolitas de masa y se extienden con ayuda de un rodillo hasta formar discos finos de unos diez o doce centímetros de diámetro. Se coloca entonces una cucharada generosa de relleno (que debe estar frío) en el centro del disco y se levantan los bordes para juntarlos en el centro, ejerciendo una leve presión con los dedos para sellar la masa. A continuación, se fríen los pastelillos en aceite abundante hasta que la masa se dore ligeramente y se sirven calientes.

Generalmente, en India se utiliza aceite de cacahuete pero, en su defecto, puede sustituirse por aceite de oliva u otro aceite vegetal. Estos tentempiés son típicos de la zona de Jaipur, y suelen acompañarse con alguna salsa agridulce.

Dificultad: media
Preparación: 30 minutos
Cocción: 15 minutos

Samosas vegetables
Empanadillas de verduras y queso fresco

Ingredientes para 4 personas

Para la masa:

275 g de harina
50 g de mantequilla
1/2 cucharadita de sal
Agua

Para el relleno:

1 coliflor mediana
200 g de guisantes
100 g de queso fresco (paneer)
1 cebolla
3 dientes de ajo
1 cucharadita de mostaza negra en grano
1 cucharadita de comino en grano
1/2 limón
Cilantro en polvo
Cilantro fresco
Garam masala
Aceite

El vino

Sírvase con un vino seco de A.O.C. Côtes-du-Jura (Francia), de las variedades chardonnay y savagnin, o con una Manzanilla de D.O. Jerez-Xérès-Sherry y Manzanilla de Sanlúcar, de la variedad palomino fino.

Se elabora la masa (ver *Kachoris*) y se reserva. Se lleva al fuego una sartén con aceite donde se doran la cebolla y los ajos picados. Una vez dorados, se incorporan a la sartén el comino, la mostaza y las ramitas de coliflor cortadas en trozos pequeños. Se rehoga el conjunto durante unos quince minutos y se añaden luego los guisantes ya hervidos y una pizca de cilantro en polvo, que se mezclan con el resto de los ingredientes. Seguidamente, se agregan las especias en polvo, el cilantro fresco picado y unas gotas de zumo de limón para resaltar todos los sabores.

Cuando esté frío el relleno, se preparan discos finos de masa de unos diez centímetros de diámetro que se cortan por la mitad y se enrollan en forma de cono. Se introduce el relleno en los conos, se sellan todos los bordes ejerciendo una leve presión con los dedos y se fríen las *samosas* en aceite abundante muy caliente hasta que estén ligeramente doradas.

Otra opción de relleno muy extendida en India para estas deliciosas empanadillas se elabora a base de patatas especiadas, troceadas y rehogadas en la sartén con comino, mostaza negra, jengibre picado, cebolla, cúrcuma y cilantro. Pueden incorporarse también frutos secos enteros, por ejemplo anacardos, almendras o pistachos.

Samosas non vegetables
Empanadillas de verduras y carne de cordero

Dificultad: media
Preparación: 30 minutos
Cocción: 20 minutos

Ingredientes para 4 personas

Pasta brisa
100 g de carne picada de cordero
1 patata mediana
1 zanahoria
50 g de guisantes
1/2 cebolla
1 pimiento verde
1 diente de ajo
5 g de jengibre fresco
1 cucharadita de comino en grano
1/2 cucharadita de cúrcuma
1 cucharadita de garam masala
1/4 de cucharadita de pimentón picante
Pimienta negra
Aceite vegetal
Sal

El vino

Sírvase con un vino tinto con un breve paso por barrica de la zona del Río de la Plata (Uruguay), de la variedad tannat, o con un vino tinto con poca madera de D.O. Cigales, elaborado con tempranillo.

En primer lugar, se cubre la pasta brisa con un paño húmedo y se reserva. Se lava la patata, se pela la zanahoria y se ponen a hervir enteras junto con los guisantes en una cacerola con agua abundante y sal. Seguidamente, se escurren y se dejan enfriar. Se pela entonces la patata y se pica, junto con la zanahoria, y se reserva todo en un recipiente.

En una sartén con aceite, se rehogan durante un par de minutos la cebolla y el pimiento verde finamente picados y luego se incorporan el ajo y el jengibre triturados. Se deja sofreír el conjunto a fuego lento unos dos minutos y se añaden la carne picada y las especias, se va removiendo todo durante unos cuatro minutos más y se incorporan las hortalizas picadas. Se mantiene todo a fuego suave únicamente el tiempo preciso para mezclar los ingredientes, se retira la sartén del fuego y se deja enfriar el relleno.

Se disponen sobre la superficie de trabajo enharinada las láminas de pasta brisa y se cortan ocho tiras de aproximadamente seis por veinticinco centímetros. En una esquina de cada tira se dispone una cucharada de relleno y se procede a doblar la pasta en forma de triángulo. Al final, se puede sellar la empanadilla con una mezcla de harina y agua. Una vez listas, se fríen en abundante aceite caliente hasta que queden doradas.

Las *samosas* constituyen el aperitivo más típico de India y son el equivalente de la croqueta española.

Dificultad: media
Preparación: 35 minutos
Cocción: 20 minutos

Paneer pakoras
Queso fresco rebozado

Ingredientes para 4 personas

Para el queso *(paneer)*:

2 l de leche entera
Zumo de 3 limones

Para el rebozado *(pakora)*:

250 g de harina de garbanzo
1 cucharadita de levadura en polvo
1/2 cucharadita de sal
1/2 cucharadita de cúrcuma
1/2 cucharadita de asafétida
Agua

Para la salsa de menta:

8 hojas de menta fresca
2 cucharadas de aceite
2 cucharadas de yogur natural
Sal
Guindilla (opcional)

El vino

Servir con un vino tinto joven sin crianza de la zona de Naoussa (Grecia), elaborado con xynomavro, o con un vino tinto joven de D.O. Almansa, de garnacha tintorera.

Para elaborar el queso, se pone la leche a hervir en un cazo y, cuando llega al punto de ebullición, se retira del fuego y se le va añadiendo poco a poco el zumo de limón para cortarla. Se pasa entonces por un colador chino para separar el suero, se deja reposar unos minutos y luego se envuelve la pasta de queso obtenida con una gasa o un paño, se escurre y se coloca en un molde bien prensada con un peso encima (por ejemplo un recipiente lleno de agua). Se deja un mínimo de una hora hasta que adopte una consistencia firme.

Una vez listo el queso, se mezclan los ingredientes de la pasta para rebozar *(pakora)* en un recipiente hasta obtener una consistencia semilíquida, cremosa. Se corta el queso de la forma deseada, en dados, láminas cuadradas o discos, se sumerge en la pasta y se fríe en aceite abundante hasta que quede dorado y crujiente. Se reserva sobre papel absorbente para escurrir el exceso de aceite y se sirve acompañado de una salsa de menta, elaborada batiendo primero la menta con el aceite, la sal y la guindilla y añadiendo finalmente el yogur.

Este entrante es típico de la zona de Bombay y puede servirse con otras salsas gustosas para compensar la neutralidad del queso o con cualquier *chutney*.

Gajar badha
Buñuelos de zanahoria y especias

Dificultad: media
Preparación: 15 minutos
Cocción: 20 minutos

Ingredientes para 4 personas
Para los buñuelos:
6 zanahorias
10 g de pasas
10 g de nueces
1 cucharada de harina de garbanzo
1 cucharada de harina de trigo
Agua

Para el *chutney* de tomate:
500 g de tomates triturados
250 g de azúcar
1 cucharada de aceite
1 cucharadita de guindilla
Sal

Para el rebozado *(pakora):*
250 g de harina de garbanzo
1 cucharadita de levadura en polvo
1/2 cucharadita de sal
1/2 cucharadita de cúrcuma
1/2 cucharadita de asafétida
Agua

El vino

Servir con un vino blanco sin crianza de la zona de Patras (Grecia), elaborado con roditis, o con un vino blanco sin madera de D.O. Ycoden-Daute-Isora, de la variedad marmajuelo.

En primer lugar se rallan las zanahorias muy finamente y se ponen en un cuenco, donde se combinan con las pasas, las nueces picadas y los dos tipos de harina. Se trabaja la mezcla hasta amalgamar todos los ingredientes y se añade un poco de agua para obtener una pasta moldeable, con la que se elaboran luego unas bolas que se bañan en la *pakora* (ver *Paneer pakoras*) y se fríen en aceite abundante hasta que quedan doradas. Combinan a la perfección con un *chutney* de tomate, elaborado calentando en un cazo los ingredientes hasta que se diluye el azúcar y removiendo sin cesar hasta conseguir una consistencia de confitura.

Estos buñuelos son específicos de la zona norte de India, concretamente de Rajastán. En cuanto al *chutney,* palabra inglesa que se deriva del hindi *chatni* (especias fuertes), a pesar de que se considera típicamente indio y en la actualidad se consume en todo el país, es en realidad una creación inglesa de la época colonial.

Dificultad: baja
Preparación: 25 minutos
Cocción: 15 minutos

Aloo bhondi
Buñuelos de patata

Ingredientes para 4 personas

400 g de patata hervida
1 cebolla
Mostaza negra en grano
Pimienta negra molida
Cilantro fresco
Aceite
Sal

Para el *chutney* de frutas:

250 g de frutas (plátano, manzana, kiwi, ciruela, etc.)
250 g de azúcar
Agua
Pimienta negra

La bebida

Acompáñese de un té, que resulte de la mezcla de diferentes tés verdes, o de un vino seco sin crianza de la Tierra de las Islas Baleares, de la variedad muscat.

Las patatas, previamente hervidas, se ponen en una sartén para sofreírlas a fuego lento junto con la cebolla, las especias y el cilantro fresco picado durante unos diez o quince minutos. Se deja enfriar la preparación y, en cuanto está fría, se forman unas bolitas de tamaño medio, que se pasan por *pakora* (ver *Paneer pakoras*) y se fríen en aceite abundante. Se acompañan con un *chutney* de frutas.

Para elaborar el *chutney*, se cortan las frutas elegidas en trocitos pequeños y se llevan al fuego en un cazo con un poco de agua (la cantidad de líquido variará en función del contenido en agua de las frutas elegidas). Cuando las frutas están ya blandas, se incorpora el azúcar al cazo y una pizca de pimienta negra y se remueve constantemente hasta que se disuelva el azúcar y la mezcla adopte una textura espesa, de confitura.

Este *chutney* puede elaborarse con cualquier mezcla de frutas, según la temporada, y en su elaboración pueden emplearse otras especias, como mostaza negra en grano, clavos, etc.

Dificultad: baja
Preparación: 30 minutos
Cocción: 15 minutos

Tarkhari na bhajia
Buñuelos de cebolla

Ingredientes para 4 personas

2 cebollas grandes
250 g de harina de garbanzos
1/2 cucharadita de cúrcuma
1/2 cucharadita de cilantro seco molido
1/2 cucharadita de pimentón picante
1/4 de cucharadita de semillas de cebolla
1 pizca de pimienta negra molida
1 cucharadita de levadura
Sal
Aceite vegetal

El vino

Servir con un vino tinto sin crianza de A.O.C. Gigondas (Francia), de la variedad syrah, o con un vino tinto joven de la Tierra de Castilla, elaborado con syrah.

Se pelan las cebollas y se cortan en láminas de aproximadamente medio centímetro, que se ponen en un colador, se salan y se dejan en reposo para que eliminen agua. Mientras, se mezclan en un bol el resto de los ingredientes y se trabajan agregando un poco de agua hasta conseguir una masa ligera. Una vez lista la masa, se incorpora la cebolla escurrida y se remueve todo. Se lleva al fuego una sartén grande con abundante aceite y, con ayuda de una cuchara, se van formando bolas que se fríen hasta que queden doradas y crujientes.

Se pueden hacer *bhajias* de pimiento, de puerro, de calabacín... La utilización de la harina de garbanzos hace que este plato sea ideal para celíacos.

Dificultad: baja
Preparación: 30 minutos
Cocción: 15 minutos

Paneer roll
Rollitos de queso fresco

Ingredientes para 4 personas

Pasta brisa
300 g de queso fresco (paneer)
1 cebolla
1 tomate grande
1 pimiento verde
1 pimiento rojo pequeño
1/4 de cucharadita de chile en polvo
1/2 cucharadita de comino molido
Aceite vegetal

La bebida

Servir con un té indio con azúcar y leche, o con un vino blanco joven de D.O. Navarra, de la variedad chardonnay.

Primero se cubre la pasta brisa con un paño húmedo y se reserva mientras se pican finamente el queso, la cebolla, el tomate pelado, el pimiento verde y el pimiento rojo. Se mezclan todos los ingredientes en un recipiente, se incorporan el chile en polvo y el comino y se remueve bien de manera que el conjunto quede ligado. Se disponen las láminas de pasta brisa sobre una superficie de trabajo previamente enharinada y se cortan ocho rectángulos de aproximadamente diez por quince centímetros. Se coloca una cucharada de relleno sobre cada uno de los rectángulos y se enrollan. Deben quedar completamente sellados, para lo cual puede emplearse una pasta a base de agua y harina. Una vez listos los rollos, se fríen en abundante aceite hasta que estén dorados.

Pueden emplearse otros tipos de queso en la elaboración de este sencillo tentempié indio, aunque también se puede elaborar un *paneer* casero (ver *Paneer pakoras*).

Dificultad: baja
Preparación: 25 minutos
Cocción: 15 minutos

Pakoras
Verduras rebozadas

Ingredientes para 4 personas

400 g de verduras variadas (calabacín, berenjena, patata, coliflor, champiñón...)
Aceite vegetal
Sal

Para el rebozado *(pakora):*

50 g de harina de trigo
5 g de harina de garbanzo
1 cucharadita de cúrcuma
2 dientes de ajo
4 chiles verdes
1 pizca de bicarbonato
1 cucharadita de polvo de granada
Agua

El vino

Acompañar de un vino blanco fermentado en barrica con A.O.C. Chablis (Francia), elaborado con chardonnay, o de un vino blanco fermentado en barrica con D.O. Rueda, de la variedad verdejo.

Para preparar la pasta con la que se rebozarán las verduras, se trituran primero los chiles verdes despepitados y los ajos pelados y se mezclan en un recipiente con el resto de los ingredientes, añadiendo agua hasta obtener una pasta homogénea de consistencia semilíquida. Seguidamente, se cortan las hortalizas en láminas finas, de menos de un centímetro de grosor, se rebozan y se fríen en aceite muy caliente hasta dorarlas.

Aunque existen múltiples variedades de la pasta *pakora* para el rebozado, según las especias que se añadan y el tipo de harina empleada, siempre aporta a las frituras una textura crujiente y un sabor muy especial. En este caso, las verduras quedan *al dente* y conservan todas sus propiedades nutritivas.

Dificultad: baja
Preparación: 25 minutos
Cocción: 20 minutos

Sabzi tikki
Pastelillos de patata especiados

Ingredientes para 4 personas

200 g de patatas
1 cebolla mediana
1 pimiento verde
1 pimiento rojo
1 cucharadita de comino molido
Pan rallado
Sal
Pimienta
Aceite vegetal

El vino

Servir con un vino tinto con crianza y maduro de A.O.C. Gevrey Chambertin premier cru (Francia), elaborado con pinot noir, o con un vino tinto Gran Reserva maduro de estilo tradicional de D.O. Valdepeñas, de la variedad tempranillo.

Se cuecen primero las patatas en agua con sal y, una vez cocidas, se dejan enfriar y se trituran hasta obtener un puré homogéneo, que se reserva. A continuación, se pican finamente la cebolla y los pimientos, se incorporan a la patata triturada y se añade una cucharadita de comino molido. Se mezcla todo bien y se salpimienta al gusto. Se lleva una sartén al fuego con abundante aceite y, mientras se calienta, se van tomando porciones de masa de patata (más o menos la cantidad que cabe en el hueco de las palmas de las manos) y se forman bolas. Se pasan las bolas por pan rallado y se aplanan para formar unos discos de aproximadamente cuatro o cinco centímetros de diámetro, que luego se fríen hasta dorarlos ligeramente.

Antes de proceder a formar las bolas, se recomienda impregnarse las manos con harina para evitar que se pegue la masa de patata.

Dificultad: media
Preparación: 35 minutos
Cocción: 15 minutos

Murga lolipop
Alitas de pollo

Ingredientes para 4 personas

8 alitas de pollo
2 limones
50 g de perejil
3 dientes de ajo
1/4 de cucharadita de chile en polvo
Pimienta negra
Sal
Pan rallado
Aceite vegetal

El vino

Servir con un vino tinto con crianza de la región de Mendoza (Argentina), elaborado con la variedad malbec, o con un tinto con crianza de D.O. Bierzo, de la variedad mencía.

Se limpian bien las alitas, despojándolas de la piel, se les practica un corte transversal que ayude a separar la carne del hueso y se desplaza la carne hacia el extremo inferior, dándole una forma redondeada con los dedos. Una vez preparadas las alitas, se colocan en un recipiente grande, se salpimientan y se dejan en adobo con el zumo de dos limones, el perejil y los ajos triturados y el chile en polvo al menos durante veinticuatro horas en el frigorífico.

Una vez adobadas, se escurren en un colador, se pasan por pan rallado trabajando las bolas de carne con las manos y se fríen en aceite abundante a fuego medio.

Estas alitas se comen con las manos, y siempre con la derecha porque la izquierda se usa para el aseo. El pan sirve de acompañamiento y cubierto a la vez, y se moja en un *chutney* de mango o en salsa picante.

Dificultad: baja
Preparación: 10 minutos
Cocción: 4 minutos

Aam ka pachadi
Ensalada Annapurna

Ingredientes para 4 personas

250 g de hojas de lechuga variadas
8 tomates cherry
1 cebolla roja
50 g de frutos secos variados (nueces, anacardos, etc.)
1 cucharadita de semillas de sésamo
2 cucharaditas de azúcar moreno
Sal
Pimienta
Aceite

Para el aliño:

150 ml de puré de mango
100 ml de zumo de lima

El vino

Servir con un vino blanco sin madera de D.O. Douro (Portugal), donde predomina la variedad gouveio, o con un vino blanco joven de D.O. Rueda, elaborado con verdejo.

Se lavan las hojas variadas de lechuga y los tomates *cherry* y se secan con un paño o con papel de cocina. Se colocan en una ensaladera, se añade la cebolla picada y se salpimienta. Se lleva una sartén al fuego, preferiblemente una *tawa*, con dos cucharadas de aceite, se doran los frutos secos junto con las semillas de sésamo y, cuando están dorados, se incorpora el azúcar moreno. Se remueve todo brevemente y se vierte en la ensaladera. A continuación, se prepara el aliño mezclando el puré de mango y el zumo de lima con la batidora y se adereza la ensalada con la salsa obtenida.

Una ensalada occidentalizada pero excelente para acompañar cualquier tipo de *curry*.

Raita
Ensalada de pepino y zanahoria

Dificultad: baja
Preparación: 25 minutos

Ingredientes para 4 personas

2 yogures naturales
2 zanahorias
3 pepinos grandes
2 cucharaditas de sal gorda
1 cucharada de menta fresca picada
1 diente de ajo

El vino

Servir con un vino tinto con crianza de la zona de Napa en California (Estados Unidos), de la variedad cabernet sauvignon, o con un vino tinto con crianza con breve paso por barrica de D.O. Costers del Segre, elaborado con cabernet sauvignon y merlot.

Se pelan los pepinos, se les retiran las semillas, se salan y se pican. Se colocan en un escurridor y se dejan reposar unos quince minutos para luego pasarlos por agua y secarlos con papel absorbente. Se pelan las zanahorias y se pican. Se prepara en un recipiente una salsa con el yogur, una cucharada de menta fresca picada y dos cucharaditas de sal gorda. Una vez mezclados los ingredientes de la salsa, se incorporan el pepino y la zanahoria picados y se remueve hasta que quede todo bien mezclado.

Esta sencilla ensalada combina perfectamente con cualquier *curry* y aporta un sabor neutro para contrarrestar comidas picantes. También puede servirse simplemente acompañada de panes *papadum*.

Dificultad: media
Preparación: 20 minutos
Cocción: 15 minutos

Jeenga roll
Rollitos de langostinos

Ingredientes para 4 personas

8 láminas de pasta brisa de 12 x 6 cm
8 langostinos
1 cucharadita de pimienta negra
1 cucharadita de pimentón dulce
1 cucharadita de pimentón picante
1 cucharada de polvo de granada
Zumo de 1 lima
Sal
Pimienta
Aceite vegetal

El vino

Servir con un vino blanco criado sobre lías de A.O.C. Muscadet-de-Sèvre-et-Maine (Francia), elaborado con la variedad muscadet, o con un vino blanco sin crianza de D.O. Rías Baixas, de la variedad albariño.

Se descabezan los langostinos, se pelan las colas, y se dejan en maceración durante al menos veinticuatro horas con sal, pimienta, pimentón picante, pimentón dulce, polvo de granada y el zumo de una lima. Se enharina la superficie de trabajo y se extienden las láminas de pasta brisa. Se coloca una cola de langostino en cada una y se envuelven cuidadosamente formando pequeños rollitos, que se fríen en abundante aceite hasta que se doren por completo, de modo que el langostino no quede crudo.

Un excelente aperitivo de langostinos marinados envueltos en pasta brisa que se puede comprar ya listo para freír en tiendas especializadas.

Sabzi *Curry* de verduras de temporada

Dificultad: media
Preparación: 20 minutos
Cocción: 40 minutos

Ingredientes para 4 personas

600 g de verduras y hortalizas frescas
4 cucharadas de aceite vegetal
2 cebollas
6 chiles secos
2 cucharadas de semillas de cilantro
4 clavos
10 granos de pimienta negra
2 ramitas de canela
1/3 de cucharadita de semillas de mostaza
1/3 de cucharadita de comino en polvo
1/4 de cucharadita de cúrcuma
2 hojas de laurel
1 yogur natural

El vino

Servir con un vino tinto joven de D.O. Douro (Portugal), donde predomine la touriga nacional, o con un vino tinto de maceración carbónica de D.O. Toro, de la variedad tinta de Toro.

Se lavan y se pican las hortalizas y verduras elegidas (coliflor, calabaza, zanahorias, judías verdes, tomates, patatas, guisantes, etc.). Se doran los chiles en una sartén con aceite junto con las semillas de cilantro y, cuando hayan tomado color, se añaden los clavos, los granos de pimienta negra, las semillas de mostaza y las ramitas de canela, que se remueven a fuego suave durante un par o tres de minutos y se reservan. En otra sartén, se doran el comino y la cúrcuma. Cuando empiezan a chisporrotear, se incorporan las cebollas finamente picadas y el laurel y se deja pochar muy despacio la cebolla. A continuación, se elabora con la batidora un puré con la cebolla restante, las dos preparaciones anteriores de especias y un vaso de agua.

Se lleva una cazuela honda al fuego, se vierte el puré obtenido y se cubre con tres vasos de agua. Seguidamente, se van incorporando las verduras picadas según el tiempo de cocción que precise cada una y, una vez que estén todos los ingredientes en la cazuela, se dejan cocer juntos a fuego lento durante unos diez o quince minutos. Cinco minutos antes de concluir la cocción, se vierte el yogur y se remueve.

Este plato puede considerarse la menestra básica india. Se puede enriquecer su sabor añadiendo una cucharadita de zumo de lima al final para potenciar todas las especias o espolvoreando perejil o cilantro fresco picado al terminar la preparación.

Dificultad: media
Preparación: 25 minutos
Cocción: 30 minutos

Palak paneer
Espinacas con queso fresco

Ingredientes para 4 personas

500 g de espinacas frescas, limpias y troceadas
200 g de queso fresco (paneer)
2 guindillas verdes troceadas
1/2 cucharadita de jengibre picado
1 cucharadita de comino en polvo
2 cucharadas de aceite vegetal
1 cebolla troceada
1 ajo
2 cucharadas tomate natural triturado
1 pizca de hinojo
Sal

El vino

Servir con un vino blanco fermentado en barrica de D.O.C. Langhe chardonnay (Italia), elaborado con chardonnay, o con un vino blanco fermentado en barrica de D.O.Ca. Rioja, de la variedad viura.

Se ponen en una olla las espinacas bien limpias y troceadas junto con las guindillas, el jengibre y un poco de sal, se cubren con agua y se hierven. Una vez cocidas, se dejan entibiar y se pasa el conjunto por la batidora hasta obtener un puré sedoso. Se lleva una sartén al fuego con dos cucharadas de aceite vegetal y se sofríe la cebolla picada con el hinojo, removiendo con una cuchara de madera hasta que se doren. Sin dejar de remover, se añaden el ajo picado y el comino en polvo y, al cabo de unos dos minutos, se agrega el tomate natural triturado y se deja reducir hasta que se evapore el agua. Se incorporan entonces a la sartén el puré obtenido con las espinacas y el queso fresco cortado en dados (ver *Paneer pakoras*) y se deja a fuego lento unos cinco minutos.

Las guindillas verdes frescas son relativamente fáciles de obtener en temporada. Es conveniente comprobar el grado de picante antes de utilizarlas, ya que podría pecarse por falta o por exceso.

Dificultad: media
Preparación: 15 minutos
Cocción: 30 minutos

Aloo ghobi
Patata con coliflor y especias

Ingredientes para 4 personas

1 coliflor mediana
3 patatas
1 cebolla
3 dientes de ajo
2 tomates
1/2 cucharadita de mostaza negra en grano
1 cucharadita de jengibre fresco
1 cucharadita de pimentón dulce
1 cucharadita de cúrcuma
Garam masala
Sal

El vino

Sírvase con un vino blanco maduro sin madera de la Rioja (Argentina), elaborado con torrontés, o con un vino blanco con años y sin crianza de D.O. Ribeiro, con predominio de la variedad treixadura.

Se sofríen primero en un *karahi* o una sartén con aceite la cebolla y los ajos picados junto con la mostaza negra y el jengibre fresco picado. Se pelan las patatas, se trocean y se sofríen con el resto de ingredientes durante un par de minutos. Seguidamente, se incorporan la coliflor troceada y un vaso de agua y, por último, las especias en polvo y una pizca de sal. Se tapa el guiso y se deja cocer a fuego lento unos quince minutos más y, cinco minutos antes de que termine la cocción, se incorporan los tomates picados o triturados.

El *karahi* es una especie de *wok* que se emplea en India principalmente para saltear especias y para preparar platos de verduras y hortalizas. Se recomienda no destapar el guiso hasta el momento de servirlo, para que al retirar la tapa los comensales puedan notar todo el aroma de las especias.

Dificultad: media
Preparación: 15 minutos
Cocción: 30 minutos

Karela subji
Guiso de *karela*

Ingredientes para 4 personas

2 karelas *(calabazas amargas)*
1 cebolla
2 patatas
2 dientes de ajo
3 tomates
5 g de jengibre en polvo
1 cucharadita de cúrcuma
1/2 cucharadita de cilantro en polvo
1/2 cucharadita de comino en polvo
Mostaza
Aceite
Sal

El vino

Servir con un vino blanco maduro sin paso por barrica de A.O.C. Alto Adige (Italia), de la variedad traminer aromático, o con un vino blanco sin crianza de la Tierra de Castilla, elaborado con riesling.

Se dejan en remojo las *karelas* unos quince minutos en agua para que se ablanden un poco, se cortan longitudinalmente por la mitad, se retiran las semillas del interior con una cuchara y se cortan en láminas de unos dos centímetros de grueso.

Se calienta aceite en una sartén y se sofríen la cebolla y los ajos picados. Cuando empiezan a dorar, se incorporan la mostaza, luego las patatas, peladas y troceadas, y finalmente la *karela*. Cuando estén estos últimos ingredientes bien rehogados, se añaden las especias en polvo, una pizca de sal y medio vaso de agua. Se deja guisar todo a fuego lento unos veinte minutos y, cinco minutos antes de terminar la cocción, se incorporan los tomates picados.

Aunque la *karela* es una verdura amarga, al combinarla con las especias se suaviza su sabor.

Dificultad: media
Preparación: 20 minutos
Cocción: 20 minutos

Sahijan
Potaje de vainas de moringa

Ingredientes para 4 personas

2 vainas de moringa
2 patatas
3 tomates
1 cebolla
3 dientes de ajo
2 tacitas de yogur natural
1 cucharadita de cúrcuma
1 cucharadita de mostaza negra
Cilantro fresco
Sal

El vino

Acompañar de un vino blanco maduro sin crianza en barrica con D.O.C. Colli Orientali del Friuli (Italia), de la variedad tocai friuliano, o de un vino blanco fermentado en barrica con D.O. Pla i Llevant, elaborado con chardonnay.

Se sofríen la cebolla y los ajos picados en aceite y, cuando estén dorados, se incorporan las patatas peladas y troceadas y las vainas de moringa cortadas en secciones de unos ocho o diez centímetros de largo. A continuación, se cubren todos los ingredientes con agua, se agregan el yogur y las especias y se deja cocer todo junto durante veinte minutos. Unos cinco minutos antes de terminar la cocción, se añaden los tomates triturados y el cilantro fresco picado y se rectifica de sal.

Este guiso es muy popular en el norte de India y sobre todo en la región de Nueva Delhi, donde acostumbra a servirse acompañado con arroz basmati hervido y aromatizado.
Las vainas de moringa se comen con las manos, succionando la pulpa blanca del interior y desechando el recubrimiento verde fibroso.

Dificultad: baja
Preparación: 15 minutos
Cocción: 15 minutos

Aloo brihjal narjal
Patata, berenjena y coco

Ingredientes para 4 personas

400 g de berenjenas
200 g de patatas
1/2 coco rallado (preferiblemente natural)
2 tacitas de nata líquida
1/2 cucharadita de nuez moscada
Cilantro
Sal
Pimienta

El vino

Acompañar de un vino blanco maduro sin crianza con A.O.C. Alsacia (Francia), de la variedad gewürztraminer, o de un vino blanco sin madera con D.O. Penedès, elaborado con riesling.

Se lavan las berenjenas, se cortan en dados grandes y se fríen en una sartén con aceite hasta que estén blandas. Se reservan dejándolas escurrir sobre papel absorbente. Paralelamente, se lleva una cacerola al fuego con la nata líquida, la ralladura de coco y una pizca de sal y se lleva a ebullición. Cuando hierve la nata, se incorporan las patatas previamente hervidas y cortadas en dados, la nuez moscada, una pizca de pimienta molida y cilantro fresco picado y, en último término, los dados de berenjena. Se deja cocinar todo el conjunto unos cinco minutos y se sirve caliente.

Este plato forma parte del recetario tradicional del sur de India, sobre todo de la zona de Bangalore y Madrás, donde son muy apreciadas y empleadas en las preparaciones diarias las salsas a base de coco.

Aloo matar
Patatas con guisantes y especias

Dificultad: media
Preparación: 30 minutos
Cocción: 40 minutos

Ingredientes para 4 personas

300 g de patatas
250 g de guisantes
1 cebolla
2 tomates
1 cucharadita de mostaza negra en grano
1 cucharadita de comino en grano
1/2 cucharadita de cúrcuma
Guindilla (opcional)
Jengibre
1 cucharadita de zumo de limón
Sal
Cilantro fresco

El vino

Acompañar de un vino blanco sin paso por madera con A.O.C. Côtes-du-Rhône Villages (Francia), de la variedad viognier, o de un vino blanco sin madera con D.O. Alella, elaborado con sauvignon.

Se rehoga en una sartén la cebolla picada junto con las especias en grano y, cuando empieza a dorar, se echan las patatas troceadas y los guisantes. Se cubre todo con agua y se aromatiza con las especias en polvo, el jengibre picado y, opcionalmente, la guindilla también picada. Cuando las patatas están cocidas, se incorporan los tomates cortados en gajos, se dejan cocer unos cinco o diez minutos, hasta que casi se deshagan y se sazona. En el último momento, se espolvorea una pizca de cilantro fresco picado y se riega el plato con una cucharadita de zumo de limón para resaltar el aroma de las especias.

En la cocina india, las preparaciones con especias se suelen realizar siguiendo siempre el mismo ritual: primero se rehogan las especias en grano, mientras que las que se presentan en polvo se incorporan al final del proceso, para evitar que se quemen y amarguen.

Aloo pyaz
Estofado de patatas con cebolleta

Dificultad: media
Preparación: 20 minutos
Cocción: 35 minutos

Ingredientes para 4 personas

1 kg de patatas
1 manojo de cebolletas
250 g de tomate triturado natural
1 cucharadita de semillas de alholva
5 g de jengibre fresco
1/2 cucharadita de cúrcuma
1/2 cucharadita de pimienta negra molida
1 taza de caldo de verduras
Aceite vegetal
Sal

El vino

Servir con un vino tinto joven de maceración carbónica de A.O.C. Beaujolais (Francia), de la variedad gamay, o con un vino tinto de cosechero de la Rioja Alavesa.

Se rehogan las semillas de alholva (fenogreco, *methi*) en aceite durante un minuto para luego incorporar el jengibre picado y seguir rehogando otro minuto. Se espolvorea media cucharadita de cúrcuma, se añade el tomate y se sofríe el conjunto hasta que se evapore por completo el agua del tomate. Seguidamente, se incorporan las patatas cortadas en dados, se remueve para que se impregnen del sabor del resto de los ingredientes y se agregan las cebolletas picadas. Se salpimienta, se remoja el conjunto con una taza de caldo vegetal y se deja a fuego lento hasta que la patata esté cocida y prácticamente se haya consumido el caldo.

Este *curry* de patata con cebolletas es ideal para los que gustan de la comida vegetariana. Las semillas de alholva, o fenogreco, pueden adquirirse en herboristerías y tiendas especializadas.

Palak baigan aur channa
Estofado de espinacas, berenjenas y garbanzos

Dificultad: media
Preparación: 20 minutos
Cocción: 30 minutos

Ingredientes para 4 personas

500 g de espinacas (preferiblemente frescas)
200 g de garbanzos cocidos
200 g de tomate triturado
1 berenjena
1 cucharadita de mostaza negra en polvo
1 cucharadita de pimentón dulce
1 cucharadita de garam masala
Aceite
Sal

El vino

Servir con un vino blanco maduro sin crianza en madera de A.O.C. Condrieu (Francia), elaborado con viognier, o con un vino blanco fermentado en barrica de la Tierra de Castilla, de la variedad viognier.

Se lavan y escurren las espinacas y se ponen a hervir en una cacerola con agua salada. Se escurren y se reservan. Paralelamente, se fríe en una sartén la berenjena cortada en dados con la mostaza negra y, cuando está blanda, se incorpora a la cacerola de las espinacas junto con los garbanzos. A continuación, se rehogan en una sartén las especias en polvo y el tomate triturado y se vierten también en la cacerola. Se deja todo a fuego lento unos diez minutos y se sirve caliente.

Este guiso es típico del norte de India, la zona de los grandes reyes y los grandes palacios, donde se dice que la cocina es más rica en especias y la gente come mejor.

Dificultad: baja
Preparación: 15 minutos
Cocción: 20 minutos

Pulao arasta
Arroz aromático

Ingredientes para 4 personas

2 vasos de arroz basmati
3 vasos de agua
2 cebollas
1 ramita de canela
1 hoja de laurel
1 cucharadita de cardamomo negro
6 clavos
3 cucharadas de aceite vegetal
Sal

El vino

Servir con un vino rosado sin crianza de A.O.C. Tavel (Francia), elaborado con syrah, o con un vino rosado sin paso por madera de D.O. Navarra, de la variedad garnacha.

El arroz se habrá dejado en remojo media hora antes de iniciar la preparación del plato. Se calienta el aceite en una cacerola y se sofríe la cebolla cortada en juliana. Cuando esté dorada, se añaden la ramita de canela, el laurel, los clavos y el cardamomo y se remueve todo unos minutos a fuego lento. Se retira el aceite de la cacerola y se incorporan tres vasos de agua. Se deja reposar el agua hasta que adquiera un tono marrón oscuro y entonces se cuela y se emplea para cocer el arroz del modo habitual.

Con esta técnica se consigue un arroz de color tostado con un sabor intenso. El vocablo *pulao* describe un arroz condimentando con ingredientes que lo aromatizan.

Biryani
Arroz con verduras y frutos secos

Dificultad: media
Preparación: 40 minutos
Cocción: 1 hora 10 minutos

Ingredientes para 4 personas

500 g de verduras de temporada
1 cebolla grande troceada
2 dientes de ajo
5 g de jengibre fresco
4 cardamomos verdes
6 granos de pimienta negra
6 clavos
1 cucharadita de comino en polvo
1 cucharadita de cilantro en polvo
1/2 cucharadita de chile en polvo
2 ramas de canela
3 hojas de laurel
1 cucharada de pasas
1 cucharada de anacardos
1/2 cucharada de pistachos
Aceite vegetal
Sal

Para el arroz:

2 tazas de arroz basmati
1/2 cucharadita de azafrán
2 cucharaditas de leche
3 tazas de caldo vegetal

El vino

Servir con un vino tinto de cosechero joven de la subzona Rioja Alavesa, de la variedad tempranillo, o con un vino Oloroso joven de D.O. Jerez-Xérès-Sherry, elaborado con palomino fino.

Se hierve el arroz en una olla con agua y sal en la proporción de una medida de arroz por una y media de agua. Mientras, se ponen las hebras de azafrán a remojar en leche tibia, se incorpora el caldo vegetal y, cuando el arroz ya esté cocido, se escurre y se pasa por este caldo. Seguidamente, se cuela y se reservan por separado el arroz y el caldo de azafrán.

Se cuecen las verduras elegidas con agua y sal. Una vez en su punto, es decir, *al dente,* se escurren y se reservan. Paralelamente, en una sartén con un poco de aceite vegetal se prepara un sofrito con la cebolla muy picada, el ajo y el jengibre triturados, dos cardamomos, cuatro granos de pimienta negra y tres clavos. Cuando la cebolla empieza a dorar, se incorporan las especias y se rehogan unos dos minutos. A continuación, se trocean las verduras cocidas y se incorporan a la sartén. Seguidamente, se elabora una *masala* en un mortero con los dos cardamomos y los tres clavos restantes mezclados con dos ramas de canela y tres hojas de laurel. En una fuente para el horno, se dispone una capa de arroz y encima una capa de verduras, que se espolvorea con la mitad de la *masala.* Se cubre con una nueva capa de arroz y otra de verdura que también se espolvorea con la mezcla de especias restante. Se vierte por encima el caldo vegetal previamente reservado, se cubre la fuente con papel de aluminio y se mete en el horno precalentado a 160 ºC durante cuarenta minutos.

Este arroz se sirve muy caliente, distribuyendo por encima los frutos secos (anacardos, pistachos y pasas) como decoración.

Kitchri
Potaje de arroz, *dahl* y verduras

Dificultad: baja
Preparación: 40 minutos
Cocción: 50 minutos

Ingredientes para 4 personas

300 g de urad dahl *(lenteja blanca)*
100 g de arroz basmati
1 cebolla
2 calabacines pequeños
3 tomates
50 g de guisantes
2 zanahorias
3 dientes de ajo
1/2 cucharadita de cúrcuma
1/2 cucharadita de cilantro en polvo
1/2 cucharadita de comino en polvo
1 cucharadita de mostaza en grano
1 cucharadita de comino en grano
1/2 cucharadita de jengibre fresco
Guindilla (opcional)
Cilantro fresco
Aceite

El vino

Servir con un vino espumoso rosado con crianza de A.O.C. Champagne (Francia), de las variedades pinot noir y pinot meunier, o con un Cava rosado con crianza, elaborado con pinot noir.

En una cacerola con agua, se ponen a hervir las lentejas con todas las verduras picadas, menos el tomate, y las especias en grano. Cuando el *dahl* está hecho y se rompe, se añade el arroz y se va removiendo durante unos quince o veinte minutos, hasta que se cueza. Una vez cocido el arroz, se prepara una *masala* con la cúrcuma, el cilantro en polvo, el comino, el jengibre y la guindilla, que se fríe brevemente en una sartén con dos cucharadas de aceite. Se agregan la mezcla de especias y el tomate picado al cocido de verduras, arroz y lentejas y se deja cocer el conjunto durante cinco minutos.

Éste es un potaje bengalí que suele llamarse "de pobres", pero que también satisface los paladares de las castas superiores cuando se come acompañado de un tazón de yogur natural.

Dificultad: baja
Preparación: 25 minutos
Cocción: 20 minutos

Chawal
Arroz al horno

Ingredientes para 4 personas

2 vasos de arroz basmati
3 vasos de agua
100 g de mantequilla (o ghee*)*
Tomillo
Sal

El vino

Servir con un vino rosado sin crianza de A.O.C. Côtes-du-Roussillon Villages, de las variedades syrah y garnacha, o con un vino rosado sin paso por madera de D.O. Alella, elaborado con merlot.

Se lleva una cacerola al fuego con el agua y, cuando llega al punto de ebullición, se añade el arroz previamente lavado con agua fresca y escurrido para eliminar algo de almidón. Se deja cocer unos quince minutos, hasta que no quede agua en la cacerola, se escurre y se reserva. Se funde entonces la mantequilla en una sartén, se agrega el arroz cocido y una pizca de sal y se rehoga durante tres o cuatro minutos. Una vez salteado, se pasa el arroz a una fuente y se hornea a temperatura media-fuerte durante cinco o seis minutos. Pasado este tiempo, se retira del horno y se presenta con una pizca de tomillo picado espolvoreado por encima.

Este arroz es la guarnición más genuina y extendida en India, y es el acompañamiento de casi todos los platos. Es perfecto para apaciguar los efectos del picante y puede espolvorearse con cilantro picado en lugar de perejil.

Dificultad: baja
Preparación: 30 minutos
Cocción: 25 minutos

Kashmiri pulao
Arroz con frutas

Ingredientes para 4 personas

300 g de arroz
25 g de plátano
25 g de manzana
25 g de naranja
25 g de piña
20 g de pasas
Zumo de 1 naranja
1 pizca de azafrán
Sal

El vino

Servir con un vino blanco maduro fermentado en barrica de A.O.C. Touraine (Francia), de la variedad chenin blanc, o con un vino blanco fermentado en barrica de D.O. Penedès, elaborado con xarel·lo.

Primero se hierve el arroz basmati en agua con sal, siguiendo la proporción de una parte de arroz por una y media de agua, se escurre y se reserva. Se trocean las frutas elegidas y se reservan. Se echa el zumo de naranja en una sartén a fuego lento junto con las frutas –todas troceadas excepto las pasas– y, al cabo de unos cinco minutos, se incorporan el arroz y el azafrán, se mezcla todo y se sirve caliente.

Pueden variarse las frutas que intervienen en la receta según la estación, aunque queda especialmente gustosa y vistosa con fresas y ciruelas.

Cocinas del mundo

Platos principales

Dificultad: media
Preparación: 20 minutos
Cocción: 15 minutos

Murgh tandoori
Pollo con especias al horno

Ingredientes para 4 personas

4 muslos de pollo enteros
Mantequilla (*o* ghee)

Para el adobo:

10 ml de aceite vegetal
1 yogur natural
1 cucharadita de semillas de comino
1 cucharadita de semillas de cilantro
1/2 cucharadita de colorante rojo (opcional)
3 cardamomos
10 clavos
2 ramas de canela
1 hoja de laurel
2 dientes de ajo
5 g de jengibre fresco triturado
1 pizca de sal
1 pizca de pimienta negra molida
Zumo de 1 limón

El vino

Servir con un vino tinto con crianza en barrica de la zona de Sonoma en California (Estados Unidos), elaborado con zinfandel, o con un vino tinto con crianza de D.O. Yecla, elaborado con monastrell.

Primero se tuestan las semillas de comino en una sartén o *tawa* a fuego lento hasta que empiecen a desprender todo su aroma y se reservan. Se tuestan del mismo modo las semillas de cilantro y se pican las dos en un molinillo de especias o se trabajan en un mortero hasta obtener un polvo fino. A continuación, se mezclan con el resto de ingredientes del adobo y se tritura todo hasta conseguir una especie de puré, en el que se deja macerar el pollo durante doce horas en el frigorífico, dándole la vuelta de vez en cuando para que macere uniformemente.

Una vez macerado el pollo, se escurre y se hornea durante alrededor de un cuarto de hora, precalentando previamente el horno a 220 ºC. Al sacarlo del horno y antes de servirlo, se pinta con mantequilla o *ghee*.

Éste es un plato emblemático de India. Aunque el colorante rojo es quizás el aspecto más distintivo de los *tandooris* occidentales, en las recetas *tandoori* tradicionales no se usan colorantes artificiales, y son las propias especias (sobre todo la cúrcuma y el azafrán) las que aportan el color rojizo típico de esta preparación.

Dificultad: media
Preparación: 15 minutos
Cocción: 20 minutos

Murgh tikka
Brochetas de pollo

Ingredientes para 4 personas

4 pechugas de pollo en dados de 2 cm
Verduras de temporada
1/2 cucharadita de cilantro seco
1/2 cucharadita de pimienta blanca molida
1/2 cucharadita de nuez moscada
1/2 cucharadita de cúrcuma
100 ml de nata líquida
1 yogur natural
Zumo de 1 limón
5 g de jengibre
Sal

El vino

Sírvase con un vino tinto con crianza en barrica de la zona de Barossa Valley (Australia), de la variedad syrah, o con un tinto mediterráneo con crianza de D.O. Manchuela, donde predomine la syrah.

Se mezclan todos los ingredientes menos el pollo y las verduras y se trituran hasta conseguir la consistencia de un puré homogéneo, en el que se dejan macerar los dados de pollo durante unas doce horas en el frigorífico. Una vez macerada la carne, se escurre, se preparan las brochetas alternando los dados de pollo con verduras de temporada y se asan durante quince o veinte minutos en el horno, precalentado a 220 °C, a la parrilla o sobre una buena brasa.

Tikka significa "pequeños trozos", y los platos de *tikka,* sean de carne o de pescado, se caracterizan porque la carne viene limpia de huesos o espinas y adobada.

Dificultad: media
Preparación: 15 minutos
Cocción: 25 minutos

Gosht tikka
Brochetas de cordero

Ingredientes para 4 personas

400 g de carne de cordero en dados de 2 cm
Cebolla
Pimiento verde
100 g de tomate natural triturado
50 ml de aceite vegetal
1 diente de ajo
2 g de jengibre
1/2 cucharadita de polvo de mango
1/2 cucharadita de comino en polvo
Pimienta negra
Sal
Chile (opcional)

El vino

Acompañar de un vino tinto con crianza en barrica con D.O.C. Cirò (Italia), de la variedad gaglioppo, o de un tinto con unos meses de barrica con D.O. Montsant, elaborado con cabernet, syrah, merlot y cariñena.

Se mezclan todos los ingredientes menos la cebolla y el pimiento verde y se deja la carne en maceración durante un mínimo de cuatro horas en el frigorífico. A continuación, se introducen los dados en la brocheta, alternados con trozos de cebolla y pimiento verde, y se asan durante veinticinco minutos en el horno precalentado a 220 °C, a la parrilla o a la brasa.

Ésta es una buena receta para hacer a la barbacoa, teniendo en cuenta la diferencia de tiempo de cocción.

Dificultad: media
Preparación: 25 minutos
Cocción: 45 minutos

Murgh vindaloo
Pollo con salsa picante

Ingredientes para 4 personas

1 pollo troceado de 1,5 kg
1 l de caldo de pollo
3 cebollas
20 chiles secos
3 cucharadas de chile picante molido
1 cucharadita de comino molido
6 clavos
2 ramas de canela
10 granos de pimienta negra
Anís estrellado
1 cucharadita de semillas de amapola
20 g de jengibre fresco
6 ajos
1 cucharada de pulpa de tamarindo
4 cucharaditas de vinagre de sidra
1/2 taza de aceite vegetal
4 hojas de laurel
Sal

El vino

Sírvase con un vino tinto con crianza en barrica de D.O. Primitivo di Manduria (Italia), elaborado con primitivo, o con un vino tinto con crianza de D.O. Yecla, donde predomine la variedad monastrell.

Primero se ponen los chiles secos en remojo para que se ablanden y seguidamente se prepara una mezcla con todas las especias, el jengibre y el ajo pelados y finamente picados, la pulpa de tamarindo y el vinagre. Se liga bien la mezcla hasta conseguir una pasta consistente y se reserva.

Paralelamente, se calienta el aceite en una cacerola o una cazuela de barro y se pochan las cebollas picadas. Cuando la cebolla se ha dorado, se incorpora la pasta especiada previamente elaborada y se remueve a fuego suave aproximadamente durante cuatro minutos. Transcurrido este tiempo, se va incorporando caldo de pollo poco a poco, sin dejar de remover y, una vez ligada la salsa, se introduce el pollo troceado y se cubre con el resto del caldo. Se rectifica de sal y se deja cocer a fuego lento durante cuarenta y cinco minutos, lo necesario para que el pollo quede tierno y jugoso.

Un plato de pollo *(murgh)* muy picante típico de la cocina del sur de India, donde el calor hace que, por lo general, los platos sean más picantes. Puede elaborarse con cualquier otro tipo de carne y es recomendable prepararlo el día antes, puesto que la carne se impregna más intensamente de los aromas.

Dificultad: media
Preparación: 20 minutos
Cocción: 40 minutos

Murgh jalfrezi
Curry de pollo cremoso

Ingredientes para 4 personas

4 pechugas de pollo
1 taza de caldo de pollo
3 cebollas
2 dientes de ajo
5 g de jengibre
2 tomates
1 pimiento verde
1/2 cucharadita de comino molido
1/2 cucharadita de cilantro seco molido
1/2 cucharadita de cúrcuma
Chile picante (opcional)
Aceite vegetal
Pimienta negra
Sal

El vino

Acompáñese de un vino tinto con crianza con A.O.C. Patrimonio en Córcega (Francia), de la variedad nielluccio, o de un vino tinto con paso por barrica con D.O. Bullas, donde predomina la monastrell.

Se trocea el pollo y se reserva. Se corta la cebolla en juliana y se rehoga en aceite vegetal durante un par de minutos, removiendo constantemente. A continuación, se incorporan, además del pollo, el ajo y el jengibre triturados, y se deja rehogar todo a fuego medio unos tres minutos. Se añaden entonces los tomates pelados y troceados, el pimiento picado y la taza de caldo. Se mezcla todo bien y se deja cocer a fuego medio unos cinco minutos antes de incorporar las especias, y opcionalmente el chile, y volver a mezclar. Se sube el fuego, se comprueba el punto de sal y se deja reducir hasta espesar.

Este plato suele cocinarse siempre con pollo y su origen se remonta al período del Raj.

Murgh korma
Pollo con frutos secos y azafrán

Dificultad: media
Preparación: 20 minutos
Cocción: 40 minutos

Ingredientes para 4 personas

1 pollo de 1 kg
300 g de cebolla
75 g de frutos secos (almendras, anacardos, etc.)
2 dientes de ajo
5 g de jengibre
1/2 cucharadita de cúrcuma
1/2 yogur natural
1 pizca de azúcar
10 clavos de especia
1/2 cucharadita de comino molido
1 pizca de canela molida
1 pizca de pimienta negra
10 ml de nata líquida
6 cardamomos negros
1 pizca de azafrán
Zumo de 1/2 limón
Sal
Aceite vegetal

El vino

Sírvase con un vino blanco fermentado en barrica de la zona de Casablanca (Chile), de la variedad chardonnay, o con un blanco con paso por madera de la cordillera de Sahyadri (India), donde predominen la chardonnay y ugni blanc.

En primer lugar se trituran la cebolla, el ajo y el jengibre y se rehogan en una cazuela con aceite vegetal. Cuando empiezan a dorarse, se incorporan el pollo troceado y las especias en grano. Se mezclan con el sofrito, se dejan a fuego medio hasta que tomen color y se añaden las especias en polvo previamente tostadas, los frutos secos, la nata, el yogur y el azúcar. Se remueve y se deja cocer veinte minutos a fuego lento, agitando la cazuela un par o tres de veces. En el momento de apagar el fuego, se espolvorea el pollo con azafrán y se riega con el zumo de medio limón, se remueve y se deja reposar el guiso unos diez minutos.

Las especias, que en India se emplean siempre frescas, se suelen conservar enteras para que no pierdan sus propiedades. Antes de molerlas, se tuestan para potenciar su aroma y hacerlas más digeribles.

Dificultad: media
Preparación: 20 minutos
Cocción: 25 minutos

Murgh makhni
Pollo en salsa de tomate

Ingredientes para 4 personas

4 pechugas de pollo limpias
250 ml de nata
250 g de tomate frito
50 g de mantequilla (o ghee*)*
1 yogur natural
3 cebollas
1 cucharadita de garam masala
4 dientes de ajo
5 g de jengibre
1 cucharadita de colorante rojo (opcional)
1/2 cucharadita de alholva
1/2 cucharadita de pimentón
1 cucharadita de azúcar
Zumo de 1/2 limón
Sal
Pimienta negra
Aceite vegetal
Cebollino picado para decorar

El vino

Acompáñese de un vino blanco maduro pero sin crianza en barrica con A.O.C. Sancerre (Francia), elaborado con sauvignon blanc, o de un vino blanco con breve paso por barrica con D.O. Penedès, de la variedad sauvignon blanc.

Se cortan las pechugas de pollo en dados y se colocan en un recipiente, donde se echan la mitad del jengibre y dos dientes de ajo triturados, el yogur, el colorante, la mitad de las especias y una tacita de aceite vegetal. Se deja la carne en maceración durante doce horas en el frigorífico.

Se escurren los dados de pollo y se cuecen en el horno precalentado a 220 ºC durante ocho minutos. Mientras, se rehoga la cebolla en una sartén con aceite y, cuando está casi transparente, se incorporan dos dientes de ajo triturados y el resto del jengibre, también triturado. Se añaden el tomate frito, la nata, la mantequilla y la mitad restante de las especias, se remueve todo y se sazona. Se incorpora entonces el pollo asado al horno y se deja cocer a fuego lento todo junto unos diez minutos. Justo antes de retirar la sartén del fuego, se añade el zumo de medio limón para potenciar el aroma de las especias y una cucharadita de azúcar y se remueve.

La combinación de maceración más cocción al horno (que en India sería al *tandoor*) y luego a fuego lento con la salsa aporta a este pollo una textura inconfundible y potencia todos los aromas del plato.

Dificultad: media
Preparación: 15 minutos
Cocción: 20 minutos

Murgh mirchiwala
Pollo a la pimienta verde

Ingredientes para 4 personas

4 muslos de pollo limpios y cortados en dados
250 g de cebollas
150 g de tomate natural triturado
100 ml de nata líquida
2 dientes de ajo
5 g de jengibre
1 cucharadita de garam masala
1 yogur natural
10 g de azúcar moreno
1/2 cucharadita de cúrcuma
15 g de pimienta verde en grano
Sal
Aceite vegetal

El vino

Acompañar de un vino tinto con crianza en barrica procedente de la península de Peljesac (Croacia), elaborado con la variedad plavac mali, o de un tinto con crianza con D.O.Ca. Priorat, donde predomine la cariñena.

Se lleva una sartén al fuego con un poco de aceite vegetal y se rehoga la cebolla pelada y picada. Cuando esté blanda, se incorporan el ajo y el jengibre triturados, se remueve, y se agregan la cúrcuma, la pimienta verde y la carne. Se mezclan bien todos los ingredientes durante un par de minutos a fuego medio-fuerte y, a continuación, se echa una pizca de sal y se incorporan el yogur, la mezcla de especias *garam masala,* el azúcar moreno, el tomate triturado y la nata líquida. Se deja todo a fuego lento durante aproximadamente un cuarto de hora. Se puede acompañar con arroces de diferentes tipos.

Este característico *curry* es típico del noroeste de India.

Dificultad: media
Preparación: 10 minutos
Cocción: 30 minutos

Rogan gosht
Cordero al estilo de Cachemira

Ingredientes para 4 personas

500 g de cordero
250 g de huesos de cordero
300 g de cebolletas
2,5 cucharaditas de chile en polvo
1/2 yogur natural
4 clavos
2 cardamomos negros
4 cardamomos verdes
2 hojas de laurel
1 cucharadita de cilantro en polvo
1 cucharadita de cúrcuma en polvo
1 cucharadita de jengibre en polvo
2 cucharadas de aceite vegetal
Sal al gusto

El vino

Acompañar de un vino tinto con crianza con A.O.C. Bandol (Francia), donde predomine la variedad mourvèdre (monastrell), o de un vino tinto con crianza en barrica con D.O. Alicante, elaborado con monastrell, cabernet y merlot.

Se lleva una olla al fuego con agua y sal y se hierve la carne junto con los huesos de cordero durante unos veinte minutos para elaborar un caldo, que se cuela y se reserva.

Para preparar la salsa, se bate el chile en polvo con unas cucharadas de yogur y un poco de agua. Seguidamente, se dora la cebolleta en una sartén con aceite vegetal y, cuando está tierna, se incorporan los clavos, el laurel y los cardamomos verdes y negros. Una vez ligados esos ingredientes, se agrega la pasta de chile previamente preparada y las especias en polvo y se remueve. Se añaden dos o tres cucharadas de agua para aclarar la salsa y, después de un par de minutos, se incorporan la carne, el resto del yogur y, por último, el caldo. Se rectifica de sal y se deja cocer el conjunto a fuego lento hasta que la carne quede jugosa. Antes de servir, se retiran las hojas de laurel y los cardamomos.

Es el plato de cordero más popular en todo el país, y se acompaña normalmente con un arroz especiado *(pulao)* o pan indio *(roti)*. Cada cocinero tiene su mezcla favorita de especias, y la mejor forma de encontrar la de cada cual es probando combinaciones.

Dificultad: media
Preparación: 15 minutos
Cocción: 25 minutos

Sultani pasanda
Cordero macerado

Ingredientes para 4 personas

400 g de cordero cortado en dados
2 vasos de vino tinto
200 g de cebolla
2 dientes de ajo
5 g de jengibre fresco
Aceite vegetal
1/2 cucharadita de semillas de amapola
1/2 cucharada de pimentón
1/2 cucharada de comino molido
1 cucharadita de alholva
1 cucharadita de azúcar
150 g de tomate frito
1 yogur natural
1/2 vaso de fondo de carne
200 ml de nata
Agua de rosas

El vino

Servir con un vino tinto con crianza de los montes de Sahyadri (India), elaborado con cabernet sauvignon, o con un vino tinto con crianza en barrica de D.O. Penedès, de la variedad merlot.

Los dados de cordero se habrán dejado en maceración con un vaso de vino tinto durante ocho horas. Se rehoga la cebolla picada en una sartén con aceite vegetal y, cuando esté blanda, se incorporan dos dientes de ajo y el jengibre fresco triturados. Se sofríe todo junto durante un par de minutos y se incorporan la carne, las semillas de amapola, el comino y el pimentón, se mezcla todo bien y se deja dorar durante unos cinco minutos. Transcurrido este tiempo, se agregan el tomate frito, el yogur, una cucharadita de azúcar, la alholva y medio vaso de fondo de carne. Al cabo de otros cinco minutos a fuego medio, se añaden la nata y dos o tres gotas de agua de rosas. Se deja reducir cinco minutos a fuego lento y, cuando la carne esté tierna y jugosa, se sirve. Se puede acompañar con arroz.

Esta receta elaborada con carne de cordero macerada en vino tinto es típica de la zona norte de India.

Dificultad: media
Preparación: 20 minutos
Cocción: 40 minutos

Saag gosht
Cordero con espinacas

Ingredientes para 4 personas

400 g de cordero troceado
100 g de espinacas frescas
1/2 vaso de fondo de carne (o agua)
2 cebollas medianas
2 dientes de ajo
5 g de jengibre fresco
2 tomates
3 cardamomos negros
10 clavos
2 hojas de laurel
1/2 cucharadita de cúrcuma
1/2 nuez moscada rallada
1/2 cucharadita de cilantro seco molido
1 yogur natural
Aceite vegetal
Cilantro
Sal

El vino

Servir con un vino tinto con crianza de D.O.C. Carignano di Sulcis en Cerdeña (Italia), de la variedad carignano (cariñena), o con un tinto con crianza, de estilo tradicional y maduro de D.O.Ca. Rioja, elaborado con tempranillo, graciano y mazuelo.

Primero se ablanda el cordero en agua tibia durante quince minutos y, entre tanto, se machacan en un mortero la cúrcuma, la nuez moscada y el cilantro seco molido y se mezclan con el yogur. Seguidamente, se seca el cordero con un paño y se deja en maceración con la preparación anterior durante una hora.

Se lleva una cazuela al fuego con unas cucharadas de aceite vegetal y, cuando esté caliente, se echan el laurel, el cardamomo y los clavos. Cuando las especias desprendan su aroma, se incorporan la cebolla, el ajo y el jengibre picados y luego el cilantro picado y el cordero macerado. Se vierte medio vaso de agua o fondo de carne y, después de unos cinco minutos de cocción, se incorporan los dos tomates pelados y picados. Se baja entonces el fuego y se deja cocer el conjunto unos veinticinco minutos, añadiendo más agua o caldo si el guiso queda reseco. Cinco minutos antes de terminar la cocción, se incorporan las espinacas troceadas y se dejan cocer sin tapar la cazuela. Antes de servir el guiso, se espolvorea con nuez moscada y se deja reposar una media hora.

Este plato tiene su origen en Cachemira. Si se desea un punto picante, se le puede añadir chile.

Dificultad: media
Preparación: 15 minutos
Cocción: 35 minutos

Gosht sel
Estofado de cordero

Ingredientes para 4 personas

400 g de cordero cortado en dados
1 cebolla grande
2 dientes de ajo
5 g de jengibre picado
2 tomates maduros
1 pimiento verde troceado
3 yogures naturales
2 hojas de laurel
1/2 cucharadita de cilantro seco molido
Aceite vegetal
Sal
Azúcar
Cilantro fresco picado

El vino

Servir con un vino tinto con crianza y maduro de A.O.C. Cornas (Francia), elaborado con syrah, o con un vino tinto con paso por madera de la Tierra de Islas Baleares, de la variedad syrah.

En una cazuela, se calientan unas tres cucharadas de aceite vegetal y se sofríen los tomates pelados y troceados, la cebolla, el ajo y el jengibre finamente picados, el laurel, el pimiento verde despepitado y troceado, el cilantro molido y la carne de cordero, todo en crudo, con una pizca de sal y otra de azúcar. Se rehoga el conjunto durante unos minutos y, cuando la carne esté dorada, se añade el yogur y se deja el estofado a fuego muy suave unos veinticinco minutos, removiendo cada cinco minutos aproximadamente. Justo antes de servir el plato, se espolvorea por encima un poco de cilantro fresco picado.

A pesar de la similitud visual entre el cilantro y el perejil, en la cocina india se tiende a emplear más el cilantro fresco, que aporta un aroma especial a los platos, sobre todo si se pica justo antes de utilizarlo.

Sheek kebab
Bocaditos de cordero especiado

Dificultad: media
Preparación: 15 minutos
Cocción: 15-25 minutos

Ingredientes para 4 personas

400 g de carne de cordero picada
1 cucharadita de jengibre en polvo
1/2 cebolla
1 diente de ajo
Sal
Pimienta negra
Chile en polvo
1/2 yema de huevo

El vino

Servir con un vino tinto con crianza en barrica de la zona de Santa Cruz Mountains en California (Estados Unidos), de la variedad mataró (monastrell), o con un tinto con crianza y maduro de D.O. Utiel-Requena, elaborado con las variedades tempranillo y bobal.

Primero, se mezclan todos los ingredientes en un recipiente trabajándolos con las manos o con una espátula y se deja macerar la carne durante ocho horas en el frigorífico. Transcurrido este tiempo, se toman porciones de carne macerada y se forman bolitas, que se ensartan en pinchos de madera o broquetas y se cuecen durante unos veinticinco minutos en el horno precalentado a 220 ºC, o durante quince minutos con una buena brasa en la barbacoa.

Esta receta, con algunas variantes, es común en buena parte de Oriente. En India, tradicionalmente, estos bocaditos se cuecen en el horno *tandoor*.

Dificultad: media
Preparación: 15 minutos
Cocción: 35 minutos

Jardaloo boti
Cordero con albaricoques

Ingredientes para 4 personas

500 g de cordero cortado en dados
1/2 l de caldo de cordero
150 g de albaricoques secos
10 g de jengibre fresco
2 cebollas
2 ajos
3 tomates maduros
1 ramita de canela
6 cardamomos verdes
1,5 cucharaditas de chile en polvo
1/2 cucharadita de comino en polvo
3/4 de cucharadita de garam masala
1/4 de cucharadita de pimienta negra
1 cucharadita de azúcar
1 cucharada de vinagre de manzana
Aceite vegetal
Sal

El vino

Servir con un vino tinto con crianza maduro y acídulo de D.O.Ca. Rioja, elaborado con las variedades tempranillo, graciano y mazuelo, o con una cerveza cobra típica de India.

Los albaricoques se dejan en remojo cubiertos de vinagre de manzana durante al menos tres horas. Se lleva una cazuela al fuego con aceite vegetal y se doran la cebolla, el ajo y el jengibre finamente picados a fuego lento durante unos tres minutos, tras los cuales se incorporan la ramita de canela y los cardamomos. Cuando esté todo dorado y bien mezclado, se agregan los tomates troceados y se deja sofreír el conjunto al menos diez minutos. Se añaden entonces los dados de carne de cordero y las especias y se sazona con sal. Se cubre todo con el caldo de cordero, se tapa la cazuela y se deja el guiso a fuego muy suave durante veinte minutos, procurando que no quede seco, en cuyo caso se añadirá un poco más de caldo o agua. Cuando la carne esté tierna y jugosa, se incorporan los albaricoques con el vinagre de maceración y una cucharadita de azúcar y se finaliza la cocción en cinco minutos.

Un claro ejemplo de los marcados contrastes que caracterizan la cocina india, con la utilización de carnes, especias y frutas en una misma preparación.

Dificultad: media
Preparación: 15 minutos
Cocción: 35 minutos

Madras gosht
Cordero de Madrás

Ingredientes para 4 personas

1 pierna de cordero deshuesada de 1 kg
3 cebollas grandes troceadas
3 tomates grandes troceados
500 ml de leche de coco
6 dientes de ajo
6 chiles
6 granos de pimienta negra
5 g de jengibre fresco
3 hojas de laurel
3 clavos
3 cucharaditas de páprika
3 cucharaditas de cilantro molido
1 cucharadita de semillas de amapola
500 ml de caldo de cordero
3 cucharadas de aceite vegetal
Sal

El vino

Servir con un vino tinto con crianza maduro de estilo tradicional de A.O.C. Châteauneuf-du-Pape (Francia), elaborado con syrah y mourvèdre principalmente, o con un tinto con crianza de D.O. Ampurdán-Costa Brava, de las variedades syrah y cabernet sauvignon.

Se trituran los chiles, el jengibre y el ajo con la especias y se añade leche de coco hasta obtener una pasta. Se doran las cebollas picadas en una cacerola con aceite vegetal y se añade la pasta de coco y luego medio vaso de caldo de cordero. Se dora la carne en esta mezcla y luego se añade otro medio vaso de caldo. Cuando llegue al punto de ebullición, se incorporan los tomate pelados y troceados y una pizca de sal y se deja a fuego lento una hora, cuidando de que no se queme e incorporando leche de coco a medida que vaya reduciendo el caldo.

Esta receta procede de la ciudad de Madrás, situada en el sur de India, en la costa oriental de Coromandel. Con los ingredientes indicados resulta realmente picante, de modo que puede reducirse el número de chiles en función de los gustos.

Dificultad: media
Preparación: 10 minutos
Cocción: 6 minutos

Machli Goa
Brochetas de emperador

Ingredientes para 4 personas

600 g de emperador
200 g de pulpa de papaya
1/2 cucharadita de comino
1/2 cucharadita de garam masala
1 diente de ajo
5 g de jengibre
1/2 cucharadita de cúrcuma
1 pizca de chile picante
1 cucharadita de azúcar
Zumo de 1 limón
Aceite vegetal

El vino

Servir con un vino blanco fermentado en barrica de la región de Wairau Rivers (Nueva Zelanda), de la variedad sauvignon, o con un vino blanco fermentado en barrica de D.O. Penedès, elaborado con chenin blanc.

Se tritura la pulpa de la papaya reservando unos cuantos dados para las brochetas. Se corta el emperador en dados de unos dos centímetros, que se dejan en maceración con el resto de los ingredientes durante dos horas en el frigorífico. Una vez macerado el emperador, se ensartan los dados en una brocheta alternados con los dados de papaya reservados, se disponen las brochetas en una fuente y se llevan al horno precalentado a 180 ºC durante seis minutos.

Estas brochetas de pescado combinado con papaya son típicas de Goa, la antigua colonia portuguesa, donde se come pescado en gran cantidad y variedad. También pueden cocinarse a la barbacoa.

Dificultad: media
Preparación: 15 minutos
Cocción: 35 minutos

Jeenga masala
Curry de langostinos

Ingredientes para 4 personas

32 langostinos
500 g de cebollas
250 g de tomate
2 dientes de ajo
5 g de jengibre
1/2 cucharada de cúrcuma
1 cucharada de comino molido
1 pimiento verde
1/2 yogur natural
Chile (opcional)
Pimienta
Sal

El vino

Servir con un vino blanco maduro sin madera de Pfalz (Palatinado en Alemania), de la variedad riesling, o con un vino blanco maduro sin madera de D.O. Rías Baixas, elaborado con albariño y loureiro.

Se pocha la cebolla troceada en una sartén con aceite y, cuando está translúcida, se incorporan el ajo, el chile y el jengibre triturados, que se rehogan durante un minuto antes de añadir la cúrcuma y el comino. Sin dejar de remover, se añaden el yogur, el pimiento verde troceado y los tomates pelados y picados. Se deja sofreír la preparación durante unos minutos y, finalmente, se incorporan los langostinos, se salpimientan y se dejan a fuego lento unos tres o cuatro minutos.

Aunque India se asocia casi siempre con comida picante, los chiles suelen ser opcionales.

Jeenga Annapurna
Langostinos con semillas de mostaza y salsa de tamarindo

Dificultad: media
Preparación: 30 minutos
Cocción: 35 minutos

Ingredientes para 4 personas

24 colas de langostino peladas
6 cebollas
6 tomates maduros triturados
4 dientes de ajo
50 g de jengibre fresco
1 cucharada de cilantro en polvo
1/2 cucharada de semillas de mostaza
1 cucharada de comino en grano
1 cucharada de comino en polvo
1 cucharada de pimentón dulce
1 cucharadita de pimentón picante
2 cucharadas de azúcar
1 vaso de yogur natural
200 ml de nata líquida
2 cucharadas de salsa de tamarindo
2 cucharadas de tomate frito
Zumo de 1 limón
Sal
Aceite

El vino

Servir con un vino blanco maduro sin paso por barrica de la zona de Wachau (Austria), elaborado con gruner veltliner, o con un blanco maduro fermentado en barrica de D.O. Valdeorras, de la variedad godello.

Se pican las cebollas, los dientes de ajo y el jengibre y se ponen a rehogar en una sartén con aceite. Mientras tanto, se tuestan ligeramente en otra sartén las semillas de mostaza. Cuando la cebolla esté dorada, se añaden las especias progresivamente, primero las especias en grano y luego las que están en polvo, y se agregan también los tomates triturados, el azúcar y el yogur, en este orden. Se rehogan todos los ingredientes y, cuando esté todo bien mezclado y dorado, se añaden los langostinos, el tomate frito y la salsa de tamarindo, se sala al gusto, se riega todo con el jugo de un limón y, finalmente, se añade la nata. Se remueve y se sirve caliente.

La salsa de tamarindo se compra ya preparada en tiendas especializadas.

Dificultad: media
Preparación: 30 minutos
Cocción: 35 minutos

Machli Bengal
Merluza al estilo bengalí

Ingredientes para 4 personas

600 g de merluza cortada en supremas
1/2 kg de cebolla
2 dientes de ajo
5 g de jengibre
1/2 cucharadita de cilantro seco molido
1/2 cucharadita de pimentón dulce
1/2 cucharadita de pimienta blanca molida
250 g de tomate frito
1 taza de caldo de pescado
Aceite vegetal
Cilantro fresco
Sal

El vino

Acompáñese de un vino blanco fermentado en barrica del valle de Barossa (Australia), de la variedad chardonnay, o de un vino blanco fermentado en barrica con D.O. Navarra, elaborado con chardonnay.

Se rehogan brevemente en una cacerola con aceite la cebolla, el ajo y el jengibre picados y, antes de que lleguen a dorarse, se añade el tomate frito. Se remueve y, transcurridos un par o tres de minutos, se incorporan las especias, se mezclan con el resto y se vierte la taza de caldo de pescado. A continuación, se agregan las supremas de merluza y se deja cocer el conjunto a fuego lento durante tres minutos. Antes de servir, se espolvorea con cilantro fresco picado.

Una deliciosa receta de los pescadores bengalíes que puede adaptarse a cualquier tipo de pescado con excelentes resultados.

Cocinas del mundo

Postres

Kulfi
Helado de pistachos, almendras, cardamomo y azafrán

Dificultad: media
Preparación: 20 minutos
Cocción: 15 minutos

Ingredientes para 4 personas

1 l de leche
250 ml de nata líquida
100 g de azúcar
3 gotas de esencia de vainilla
25 g de cardamomo verde
100 g de pistachos
100 g de almendras
1 pizca de azafrán

El vino

Acompañar de un vino blanco dulce de vendimia tardía con crianza en barrica con D.O. Paarl (Sudáfrica), de la variedad semillon, o de un vino blanco dulce con crianza en barrica con D.O. Valencia, elaborado con moscatel.

Se lleva un cazo al fuego con la leche y los cardamomos y se deja reducir aproximadamente a la mitad de su volumen sin dejar de remover para que no hierva. Cuando ha reducido a la mitad, se incorporan el azúcar y la nata y se deja cocer todo a fuego muy bajo otros diez minutos antes de incorporar la esencia de vainilla y dejar reducir nuevamente a la mitad. Se retiran entonces los cardamomos y se agregan los pistachos, las almendras y el azafrán. Cuando la mezcla esté bien ligada y haya espesado, se vierte en los *ramekin* o, en su defecto, en cubiteras o flaneras y se pone en el congelador. Para desmoldar los helados, se sumergen los moldes en agua caliente.

El *kulfi* es uno de los dulces indios más populares y se elabora tradicionalmente en los *ramekin,* unos moldes cónicos especiales. Una excelente manera de preparar un helado sin necesidad de utilizar la heladera.

Dificultad: media
Preparación: 10 minutos
Cocción: 20 minutos

Besam ladhu
Turrón de pistacho

Ingredientes para 4 personas

200 g de harina de garbanzo
100 g de mantequilla
100 g de azúcar glas
50 g de pistachos triturados
1/2 cucharadita de vainilla en polvo
Pistachos para decorar

El vino

Acompañar de un vino blanco dulce criado en barrica con A.O.C. Vouvray (Francia), de la variedad chenin blanc, o de un vino blanco sin crianza en barrica de vendimia tardía con D.O. Rías Baixas, elaborado con albariño.

Se derrite la mantequilla en una sartén antiadherente y se incorpora la harina de garbanzo. Cuando está tostada, se añaden el azúcar glas, los pistachos triturados y la vainilla, y se mezclan bien todos los ingredientes en la misma sartén. Si se observa que la mezcla queda excesivamente reseca, se pueden añadir unas cucharadas de agua. Seguidamente, se engrasa con mantequilla una bandeja rectangular y se extiende la mezcla obtenida, se aplana y se deja enfriar. Se sirve a temperatura ambiente con pistachos picados espolvoreados por encima.

Otra opción de presentación de este dulce muy característica en India es en forma de bolitas adornadas con las populares *varak*. Se recomienda adquirir la harina de garbanzo en tiendas especializadas, puesto que la que suele venderse a granel en algunos establecimientos es demasiado basta para la elaboración de este dulce.

Dificultad: alta
Preparación: 15 minutos
Cocción: 40 minutos

Suji ka halva
Pudin de sémola

Ingredientes para 4 personas

1/2 l de leche
200 g de sémola
100 g de mantequilla
80 g de piña (o plátano)
80 g de pasas
50 g de azúcar
Pistachos

La bebida

Acompañar de una infusión de té verde, o de un vino blanco sin crianza en barrica con D.O. Navarra, de la variedad moscatel de grano menudo.

Se lleva un cazo a fuego lento con la mantequilla y, cuando está fundida, se incorpora la sémola, que se deja tostar removiéndola con una cuchara de madera para evitar que se queme y conseguir que se dore uniformemente. Una vez tostada, se incorporan las pasas, la piña cortada en dados pequeños, el azúcar y la leche y se sigue removiendo todo a fuego lento hasta que la mezcla vaya espesando y se forme una especie de masa. Se retira entonces del fuego, se deja entibiar y se sirve caliente o a temperatura ambiente en forma de bola o de *quenelle*. Se puede decorar con pistachos picados.

Este dulce es típico en todo el país y acostumbra a servirse como postre.

Dificultad: media
Preparación: 25 minutos
Cocción: 10 minutos

Gulab jamun
Dulce de leche en almíbar

Ingredientes para 4 personas

Para el almíbar:

500 g de azúcar
2 cucharadas de agua de rosas
3 vasos de agua
3 cardamomos verdes (las vainas)
Zumo y ralladura de 1/4 de lima

Para el dulce de leche:

1 vaso de leche en polvo
3 cucharadas de harina
2 cucharaditas de maicena
1 cucharada de levadura
1/2 cucharadita de bicarbonato
3 cardamomos verdes (las semillas reducidas a polvo)
2 cucharadas de almendra picada
Pistachos
Aceite vegetal

El vino

Acompañar de un vino blanco dulce con crianza en barrica con D.O. Tokaj 5 puttonyos (Hungría), de la variedad furmint, o de un vino blanco dulce sin crianza en barrica de la Tierra de Castilla y León, elaborado con sauvignon blanc.

En primer lugar se prepara el almíbar llevando a ebullición el agua con el azúcar, el zumo y la ralladura de lima y las vainas de tres cardamomos (reservando las semillas para el dulce de leche). Se deja hervir todo unos tres minutos hasta conseguir el almíbar, se deja enfriar y, una vez frío, se agrega el agua de rosas.

Seguidamente, en un recipiente, se mezclan la leche en polvo, la harina, la maicena, la levadura, el bicarbonato y las semillas de cardamomo molidas y se añade el agua necesaria para poder trabajar la mezcla hasta conseguir una pasta densa y homogénea. Se engrasan las manos con unas gotas de aceite para poder trabajar mejor la masa obtenida y se van formando bolitas de un tamaño aproximado de tres centímetros de diámetro, que se van friendo en abundante aceite caliente hasta dorarlas. Se reservan sobre papel absorbente para que escurran el exceso de aceite, se incorporan al almíbar y se dejan reposar durante al menos una hora antes de servirlas para que se impregnen. Se sirven a temperatura ambiente y espolvoreadas con pistacho o almendra picados.

Es el postre más típico después de una comida picante. Se caracteriza por su agradable sabor dulce y, si se desea, puede incorporarse azafrán al almíbar para un toque adicional de color y aroma.

Gajar halva
Pudin de zanahoria y almendras

Dificultad: baja
Preparación: 10 minutos
Cocción: 15 minutos

Ingredientes para 4 personas

1 kg de zanahoria picada
200 g de azúcar
100 g de mantequilla
2 l de leche
100 g de almendras picadas
Azafrán

El vino

Acompañar de un vino tinto dulce de larga crianza oxidativa con D.O. Madeira (Portugal), de la variedad negra mole, o de un Oloroso dulce de larga crianza oxidativa con D.O. Jerez-Xérès-Sherry, de las variedades palomino fino y pedro ximénez.

Se funde la mantequilla en una sartén a fuego lento y se dora en ella la zanahoria finamente picada. Cuando ha adquirido un poco de color, se incorporan la leche, el azúcar y el azafrán y se deja reducir a la mitad. Se añaden entonces las almendras picadas y se deja cocer a fuego muy suave hasta obtener una pasta bastante seca, que se sirve templada, espolvoreada con almendra y pistacho picados y una bola de helado de jengibre.

Aunque lo más característico es servir este pudin con helado de jengibre, puede combinarse con cualquier otro sabor, preferentemente ácido, buscando siempre el contraste de colores y sabores característico de la cocina india.

Nariyal ki icecream aur aam malai
Crema de mango caramelizada con helado de coco

Dificultad: alta
Preparación: 20 minutos
Cocción: 20 minutos

Ingredientes para 4 personas

300 g de pulpa de mango
85 g de azúcar
2 huevos
3 yemas de huevo
10 g de maicena
85 g de mantequilla
100 g de helado de coco

El vino

Acompañar de un vino blanco dulce sin crianza en barrica con D.O. Burgenland (Austria), de la variedad gruner veltliner, o de un vino blanco dulce sin crianza en barrica con D.O. Penedès, elaborado con riesling.

En primer lugar, se bate la pulpa de mango con el azúcar, los huevos, las yemas y la maicena. Se lleva una cacerola al fuego con esta mezcla y se calienta sin dejar de remover durante unos veinte minutos. Cuando empieza a espesar, se retira del fuego, se incorpora la mantequilla amalgamándola poco a poco con el resto de los ingredientes y se deja enfriar. En el momento de servir, se carameliza la superficie de la crema y se acompaña con helado de coco.

Este postre, adaptado al gusto occidental, refrescante y nutritivo a la vez, es una excelente manera de culminar una especiada comida india.

Tasha mewa aur garam chocolate aur aam ka ras
Brochetas de fruta, chocolate caliente y salsa de mango

Dificultad: baja
Preparación: 20 minutos
Cocción para el chocolate: 15 minutos

Ingredientes para 4 personas
Frutas frescas variadas de temporada

Para el chocolate caliente:
200 g de leche
100 g de nata líquida
175 g de chocolate de cobertura
50 g de mantequilla

Para la salsa de mango:
200 g de pulpa de mango
100 g de jarabe

El vino

Acompañar de un vino tinto dulce con crianza con A.O.C. Banyuls (Francia), de la variedad garnacha, o de un vino tinto dulce con poca crianza en barrica con D.O. Tacoronte-Acentejo, elaborado con listán negro.

Se lleva un cazo al fuego y se pone a hervir la leche con la nata. Cuando rompe el hervor, se aparta el cazo del fuego y se añade el chocolate, luego la mantequilla, y se mezcla todo hasta que funda el chocolate. Paralelamente, se bate la pulpa de mango con el jarabe hasta obtener una salsa homogénea. Se pelan y cortan las frutas en dados regulares y se montan las brochetas jugando con las combinaciones de colores más vistosas. Se disponen en los platos, se salsean con el jarabe de mango y se sirven con el chocolate caliente.

En el día a día, el postre habitual en India son las frutas frescas, como las que incorpora esta brocheta. Los dulces suelen reservarse para las celebraciones.

Aam papaya dahi aur malai ke saath
Mousse de mango y de papaya con yogur

Dificultad: media
Preparación: 30 minutos
Cocción: 5 minutos

Ingredientes para 4 personas

Para la *mousse* de mango:
250 ml de nata líquida
150 g de pulpa de mango
50 g de azúcar
3 hojas de gelatina

Para la *mousse* de papaya:
250 ml de nata líquida
1/2 papaya
75 g de azúcar
3 hojas de gelatina

Para el yogur azucarado:
125 g de yogur natural
20 g de azúcar

Para el jarabe de fruta de la pasión:
100 g de almíbar
200 g de pulpa de fruta de la pasión

El vino

Acompañar de un vino blanco dulce sin crianza en barrica con D.O. Rivesaltes (Francia), de la variedad moscatel, o de un vino blanco dulce sin barrica con D.O. Valencia, elaborado con moscatel.

Para elaborar la *mousse* de mango, se dejan en remojo las hojas de gelatina durante unos diez minutos y se disuelven en un poco de agua caliente. A continuación, se monta la nata líquida mezclada con el azúcar y se va añadiendo la pulpa de mango. Cuando la mezcla está homogénea y cremosa, se incorpora la gelatina y se reserva. La *mousse* de papaya se elabora siguiendo el mismo procedimiento. Se endulza el yogur con el azúcar y se reserva y, paralelamente, se liga el almíbar con la pulpa de fruta de la pasión.

Una vez listas las distintas preparaciones, se disponen formando capas en vasos bajos: una capa de yogur azucarado, sobre ésta una capa de *mousse* de mango, luego una capa de *mousse* de papaya y, para concluir, el jarabe de fruta de la pasión. Se puede decorar con unas semillas de papaya.

Este postre es una clara adaptación al gusto occidental a partir de algunas de las más populares frutas de India.

Cocina de autor

Sanjay Dwivedi
Restaurante Zaika

Nacido en Delhi pero criado en el sur de India, donde su familia tenía el hotel The Sun and Sea, creció entre fogones. A los 16 años fue a Londres a estudiar dirección hotelera y formarse en importantes restaurantes. Tras viajar por el mundo como *chef* de los Rolling Stones, en 1999 abrió el restaurante Zaika, premiado varias veces y reconocido con una estrella Michelin. En 2004 inauguró el restaurante Deya, propiedad de Michael Caine y Claudio Pulzes.

J. P. Singh
Restaurante Bukhara

Formado en el Instituto de Dirección Hotelera de Delhi y especializado en Tecnología y Nutrición Aplicada en Mumbai, J. P. Singh es uno de los más reconocidos cocineros expertos en gastronomía india, lo que le ha valido hacerse cargo de la cocina del restaurante Bukhara en el hotel ITC Maurya Sheraton and Towers, desde donde sorprende con sus excelentes y atrevidas creaciones.

Sanjay Dwivedi

Narel kaju kisabzy
Verduras salteadas con hojas de *curry,* semillas de mostaza, coco y anacardos

Ingredientes para 4 personas

200 g de tirabeques
200 g de judías verdes finas
200 g de mazorquitas de maíz
12 puntas de espárrago
2 cabezuelas de brécol
1/4 de coco rallado
100 g de anacardos enteros tostados en el horno
2 cucharaditas de semillas de mostaza negra
2 chiles verdes picados
1,5 cucharaditas de jengibre fresco
Zumo de 1/2 limón
2 cucharaditas de cilantro
4 cucharaditas de aceite de oliva
Hojas de curry
Sal
Azúcar

El vino

Acompañar de un vino blanco con evolución en botella con A.O.C. Savennières (Francia), de la variedad chenin blanc, o de un vino blanco fermentado en barrica con D.O.Ca. Rioja, elaborado con viura y garnacha.

En primer lugar, se blanquean todas las verduras, es decir, se pasan por agua hirviendo y luego se refrescan en un cuenco de agua con hielo. Se reservan. En un *karahi* o en un *wok* con un poco de aceite, se tuestan brevemente las semillas de mostaza y, cuando empiezan a chisporrotear, se añaden el jengibre fresco y los chiles picados y se deja sofreír el conjunto durante un minuto antes de añadir las hojas de *curry*. Se calientan las verduras en agua salada, se escurren y se echan todas al *wok* con una pizca de sal y otra de azúcar. Al cabo de unos minutos, se incorporan el coco rallado y los anacardos y se mezcla todo bien para terminar con el zumo de limón y el cilantro fresco picado.

Fish fried dhokhala kekara
Atún de aleta azul rebozado con especias y servido con *dokhala* de cangrejo y caviar indio

Sanjay Dwivedi

Ingredientes para 4 personas

Para el atún:

300 g de atún en filetes de unos 4 cm

3 cucharaditas de semillas de cilantro

3 cucharaditas de semillas de hinojo

1,5 cucharaditas de cardamomo verde

2 chiles rojos secos

Para la *dokhla* de cangrejo:

70 g polenta

10 g de harina de garbanzo

1/2 cucharadita de levadura en polvo

1 pizca de sal

60 g de nata (35% materia grasa)

75 g de carne de cangrejo marrón

30 g de carne de cangrejo blanca

2 chiles picados

1 pimiento rojo picado

2 huevos

2 cucharaditas de semillas de mostaza

6 cucharaditas de aceite de oliva

6 hojas de curry

20 g de coco rallado

El atún: Con ayuda de un molinillo, se muelen todas las especias en un plato, se pica finamente el chile y se mezcla todo. Se rebozan los filetes de atún, que deben quedar cubiertos por una capa de especias, y luego se reservan en un recipiente hermético durante uno o dos días, o incluso tres, hasta el momento de cocinarlos. Justo antes de servir, se marcan los filetes en una sartén con aceite o en la parrilla y se laminan.

La *dokhla:* Se tamizan la polenta, la harina de garbanzo, la levadura y la sal en un recipiente grande. Por otro lado, se mezclan la nata, los dos tipos de carne de cangrejo, los chiles picados, el pimiento rojo y los dos huevos, se baten bien y luego se incorporan despacio al recipiente de la polenta, trabajándolo todo con cuidado. Se reserva la masa obtenida en el frigorífico durante veinte minutos.

Transcurrido este tiempo, se lleva una sartén al fuego con aceite, se sofríe brevemente la mostaza en grano, se añaden las hojas de *curry* y el coco rallado y se saltea todo durante unos dos minutos para luego mezclarlo con la masa de cangrejo previamente reservada. Se engrasa una bandeja para el horno con aceite de oliva, se extiende y aplana la masa y se cuece en el horno a 170 ºC durante unos veinte o treinta minutos. Una vez fría, se corta en cuadrados de seis centímetros que se reservan.

sigue en página siguiente

Para el *chutney* de cangrejo:
50 g de carne de cangrejo
60 g de yogur cremoso
1 chile rojo picado
2 ramitas de cilantro picadas
Zumo de 1/2 limón

Para el caviar indio:
2 cucharaditas de semillas de mostaza
4 cucharaditas de aceite de oliva

El vino

Acompañar de un vino blanco criado en barrica con A.O.C. Condrieu (Francia), de la variedad viognier, o de un vino blanco con crianza en barrica con D.O.Ca. Priorat, elaborado con garnacha.

El *chutney* de cangrejo: Se mezclan todos los ingredientes en un recipiente y se reserva el aliño en el frigorífico.

El caviar indio: Se lleva una sartén al fuego con aceite y se fríen brevemente las semillas de mostaza, justo hasta que empiezan a chisporrotear y a abrirse. Se reservan.

Presentación: Se calientan los cuadrados de *dokhla* en el horno y se disponen en el plato como base para el atún marcado, laminado y decorado con una cucharadita de semillas de mostaza (caviar indio). Se presenta el *chutney* de cangrejo en una salsera aparte y se acompaña con un *bouquet* de ensalada.

Rao fried sugi tomater dahi ras or calamar

Salmonete frito con sémola a la tinta de calamar, tomate especiado, salsa de yogur y calamar crujiente

Sanjay Dwivedi

Ingredientes para 4 personas

4 salmonetes descamados y cortados en filetes

Para la sémola de calamar *(upma)*:

2 cucharaditas de jengibre picado
1 chile verde picado
1 cucharadita de comino en grano
50 g de sémola fina
200 ml de agua
100 ml de leche de coco
25 g de tinta de calamar
100 ml de aceite de oliva
1 calamar cortado en tiras finas
Sal

Para el tomate especiado:

10 ml de aceite de oliva
2 cucharaditas de comino en grano
1 cucharadita de jengibre picado
1 diente de ajo picado
1 chile verde
1/2 cebolla picada
1 cucharadita de cúrcuma en polvo
4 tomates maduros
3 cucharaditas de puré de tomate
100 g de yogur cremoso
Sal

La *upma:* Se lleva una sartén al fuego con aceite de oliva y se tuestan las semillas de comino. Cuando empiezan a chisporrotear, se añaden el jengibre y el chile picados y se sofríen durante dos minutos antes de añadir el calamar cortado en tiras y dejar cocer el conjunto unos dos o tres minutos. En este punto, se añade la sémola, se remueve durante cuatro o cinco minutos a fuego lento para que se tueste ligeramente y luego se riega con la leche de coco y el agua. Se deja cocer diez minutos a fuego lento, se agrega la tinta de calamar y se sala.

El tomate especiado: En otra sartén con aceite, se sofríen igualmente las semillas de comino y luego se añaden el jengibre, el ajo y el chile. Cuando estén dorados, se agrega la cebolla y se saltea durante unos minutos, luego se incorpora la cúrcuma y seguidamente el puré de tomate. Se deja sofreír unos segundos, se incorporan los tomates picados y se deja el conjunto veinte minutos a fuego bajo. Seguidamente, se bate la salsa de tomate y se pasa por el colador chino. En el último momento, se añade el yogur y se sala.

El calamar crujiente: Se limpia el calamar y se corta en tiras finas, que se secan con papel de cocina. Se colocan en un recipiente con el zumo de limón, el jengibre y el cilantro y se mezcla todo. A continuación, se espolvorea un poco de harina y una pizca de cúrcuma en polvo, se combina todo

sigue en página siguiente

Para el calamar crujiente:

1 calamar

Zumo de 1/2 limón

1 cucharadita de jengibre picado

Cúrcuma en polvo

1 cucharadita de cilantro seco en polvo

2 ramitas de cilantro

5 cucharadas de harina

El vino

Acompañar de un vino blanco sin crianza en barrica con A.O.C. Alsacia (Francia), de la variedad pinot blanc, o de un vino blanco fermentado en barrica con D.O. Rueda, elaborado con verdejo.

uniformemente y se fríen las tiras en la freidora o en una sartén con aceite abundante a 190 °C hasta que queden crujientes.

Presentación: Se coloca en el centro del plato la *upma* de calamar. Se fríen los filetes de salmonete en abundante aceite, se escurren y se colocan sobre la *upma,* se vierte la salsa de tomate alrededor y se acompaña con el calamar crujiente aparte.

Sanjay Dwivedi

Murgh masala
Dados de pollo con hierbas verdes

Ingredientes para 4 personas
4 pechugas de pollo ecológico de 150 g cortadas en dados de 4 cm

Para la primera marinada:
10 g de jengibre fresco pelado
10 g de ajo
Zumo de 1/2 limón
Sal (al gusto)

Para la segunda marinada:
70 g de yogur cremoso
2 dientes de ajo
1 chile verde mediano
40 g de hojas de cilantro picadas
20 g de hojas de menta picadas
20 g de albahaca
20 g de romero
10 g de garam masala
Zumo de 1/2 limón
Sal (al gusto)
20 ml de aceite de oliva

El vino

Sírvase con un vino blanco fermentado en barrica de la zona de Marlborough (Nueva Zelanda), de la variedad sauvignon blanc, o con un vino blanco con crianza en botella de D.O. Ribeiro, elaborado con treixadura.

La primera marinada: Se trituran el jengibre y el ajo hasta obtener un puré con el que se pintan los dados de pollo, que seguidamente se espolvorean con sal y se riegan con el zumo de limón. Se deja la carne en maceración durante treinta minutos.

La segunda marinada: Se trituran todos los ingredientes de la segunda marinada hasta obtener una pasta homogénea, que se unta generosamente sobre los dados de pollo ya adobados con la primera preparación y se deja reposar durante un mínimo de seis horas (mejor durante toda una noche).

Finalmente, se escurren los dados de pollo, se ensartan en brochetas, se cuecen en el horno a 200 ºC y se sirven acompañados de una ensalada. Otra excelente opción para este sencillo plato es dejar los dados en maceración un par de días y cocinarlos a la barbacoa.

Sanjay Dwivedi

Chocolate silk
Seda de chocolate

Ingredientes para 4 personas

Para la base:

100 g de pistachos
100 g de anacarados
100 g de piñones
130 g de azúcar moreno
50 g de mantequilla

Para la *mousse* de chocolate:

400 g de chocolate de cobertura
30 g de mantequilla
350 ml de nata (35% materia grasa)
60 g de azúcar

El vino

Acompañar de un vino tinto dulce criado en barrica con D.O. Porto (Portugal), de la variedad touriga nacional, o de un vino tinto dulce con crianza en barrica con D.O. Valencia, elaborado con bobal.

La base: Se tuestan primero todos los frutos secos en el horno. En una sartén de fondo grueso, se carameliza el azúcar moreno y se añade la mantequilla en el último momento. A continuación, se incorporan los frutos secos y se mezcla todo. Se esparce la mezcla de manera uniforme en el fondo de un molde circular para pasteles y se deja enfriar por lo menos veinte minutos en el frigorífico.

La *mousse:* Se funde el chocolate al baño María y, entre tanto, se mezclan en un recipiente la nata con el azúcar, batiendo ligeramente hasta obtener una consistencia sedosa. Se vierte entonces la nata en el chocolate ya fundido y se mezcla con sumo cuidado, sin batir y lentamente, para que la *mousse* resulte más ligera. Se vierte la *mousse* sobre la base crujiente, se reparte bien y se reserva la tarta en el frigorífico.

Presentación: Se sirve en porciones individuales acompañado con helado de mango y frutas de temporada.

J. P. Singh

Pomfret atish
Pescado marinado

Ingredientes para 4 personas

4 unidades de pescado (por ejemplo salmonetes) de 400 g cada una

Para la primera marinada:

50 ml de vinagre de malta
20 ml de zumo de limón
30 g de pasta de ajo y jengibre
Sal

Para la segunda marinada:

1 huevo batido
500 g de yogur natural
15 g de harina de Bengala
15 g de pasta de ajo y jengibre
20 ml de nata fresca
10 ml de zumo de limón
1/2 cucharadita de Ajwain
2 cucharaditas de pimentón picante
1/4 de cucharadita de azafrán en polvo
1/4 de cucharadita de garam masala
Sal

El vino

Acompañar de un vino blanco seco fermentado en barrica con D.O. Vinho Verde (Portugal), de la variedad alvarinho, o de un vino blanco fermentado en barrica de la Tierra de Castilla, elaborado con viognier.

La primera marinada: En un recipiente con un litro de agua, se incorporan todos los ingredientes de la primera marinada y se baten muy bien. A continuación, se limpia el pescado, quitándole las agallas y las espinas, y se hacen tres incisiones en ángulo en cada uno de los lados. Se sumerge en la preparación anterior y se deja reposar durante unos veinte minutos.

La segunda marinada: En un bol, se vierten el yogur y todos los ingredientes de la segunda marinada; se bate la mezcla hasta que adquiera una consistencia suave y homogénea. Seguidamente, se unta generosamente el pescado con la preparación y se deja marinar de veinte a treinta minutos.

Se ensarta el pescado en brochetas, de la cabeza a la cola, y se asan éstas a *tandoor* medio de seis a diez minutos, untando con un poco de aceite el pescado de vez en cuando.

Presentación: Se disponen en una fuente caliente y se rocían con el zumo de limón y la mantequilla líquida.

J. P. Singh

Lazzeez malai tikka
Pollo marinado al jengibre

Ingredientes para 4 personas

800 g de pollo deshuesado
1 huevo
80 g de queso
10 g de harina de maíz
100 ml de nata fresca
20 ml de mantequilla líquida
30 ml de vinagre de malta
20 ml de zumo de limón
50 g de pasta de ajo y jengibre
10 g de guindilla verde
1/4 cucharadita de cardamomo en polvo
1/4 cucharadita de jengibre rallado
Kebab masala
100 ml de aceite
Sal

El vino

Acompañar de un vino blanco espumoso con A.O.C. Champagne (Francia), de la variedad chardonnay, o de un vino blanco fermentado en barrica con D.O. Penedès, de la variedad chenin blanc.

Se corta el pollo deshuesado en dados de unos 60 g cada uno, del muslo y la pechuga. En un bol se mezclan el vinagre de malta y la pasta de ajo y jengibre, y con el resultado se untan generosamente los dados de pollo. Se dejan reposar en este adobo durante media hora. A continuación, se escurren suavemente con las palmas de las manos. En un recipiente, se vierte el queso, la harina de maíz, el huevo batido y la guindilla verde, despepitada y picada finamente. Se trabaja la mezcla hasta que adquieran la consistencia de una pasta ligera. Seguidamente, se incorporan los dados de pollo y se espolvorea con el jengibre rallado y el cardamomo en polvo. Se mezcla bien el conjunto, vertiendo la nata poco a poco. Se deja reposar durante treinta minutos. Una vez marinados, los dados de pollo se ensartan en las brochetas y se asan en el *tandoor* hasta que estén medio hechas. Se dejan reposar cinco minutos, se untan con aceite, y se inicia una segunda cocción en el *tandoor,* hasta alcanzar su punto.

Presentación: Se disponen en una bandeja, se rocían con el zumo de limón y la mantequilla líquida y se espolvorean con *kebab masala*. Se sirven calientes, acompañadas con aros de cebolla, corteza de limón y menta *chutney*.

Tandoori chicken
Pollo al horno con esencia de limón

J. P. Singh

Ingredientes para 4 personas

2 pollos, sin piel, de 800 g cada uno
25 g de pasta de ajo y jengibre
50 ml de zumo de limón
La corteza del limón
Mantequilla líquida
Sal

Para la marinada *(tandoori):*

1 kg de yogur natural
30 g de pasta de ajo y jengibre
30 ml de vinagre de malta
20 ml de zumo de limón
50 ml de nata fresca
5 g de garam masala
5 g de azafrán en polvo
3 cucharaditas de pimentón picante
Sal

El vino

Acompañar de un vino blanco sin crianza A.O.C. Chablis (Francia), de la variedad chardonnay, o de un vino blanco fermentado en barrica con D.O. Valdeorras, elaborado con godello.

Se limpian bien los pollos y se les practican unas incisiones en las pechugas y en los muslos. Se frotan con sal y una mezcla realizada con la pasta de ajo y jengibre y el zumo de limón y se dejan en adobo durante treinta minutos. Entre tanto, se elabora la marinada *tandoori* mezclando y batiendo bien todos sus ingredientes. Transcurridos los treinta minutos, puede procederse a untar generosamente las aves con la marinada. Se dejan en maceración durante treinta minutos más.

Se corta el pollo. Se asa a fuego medio en un *tandoor* hasta que esté ligeramente dorado y se deja enfriar. Para la cocción final, se compone cada brocheta con una pechuga y un muslo y se asa en el *tandoor* hasta que esté bien dorado. Antes de servir, se rocía con zumo de limón y mantequilla líquida.

Presentación: Se espolvorea con un poco de corteza de limón y se sirve acompañado con aros de cebolla, pepino y tomate en rodajas.

J. P. Singh

Boti kebab
Brocheta de cordero

Ingredientes para 4 personas

350 g de carne de cordero para brocheta (deshuesada)
450 g de costilla de cordero
450 g de lechal (muslo)
400 g de yogur natural
5 cucharaditas de pasta de ajo y jengibre
4 cucharitas de pasta de papaya
10 ml de vinagre de malta
20 ml de zumo de limón
20 ml de mantequilla líquida
Pimentón picante
Garam masala
Aceite
Sal

El vino

Acompañar de un vino tinto seco con crianza en barrica del Valle de la Bekaa (Líbano), de las variedades cabernet sauvignon y cinsaut, o de un vino tinto seco con crianza, de estilo tradicional, con D.O.Ca. Rioja, de las variedades tempranillo y graciano.

Se trocea todo el cordero a dados, se sala y se coloca en un recipiente. En un bol, se vierten el vinagre de malta, la pasta de papaya, la pasta de ajo y jengibre, el pimentón picante, el *garam masala* y se mezcla todo bien, de forma que adquiera la consistencia de una pasta homogénea. A continuación se añade el yogur, se vuelve a mezclar todo, y se adereza con una pizca de sal. Se impregna generosamente la carne con esta preparación y se deja marinar de tres a cuatro horas. Transcurrido este tiempo, se procede a la preparación de las brochetas ensartando en ellas los dados de cordero marinados. Finalmente, se pasan por la sartén con un poco de aceite, por tandas, o en el *tandoor* hasta que estén bien hechas y adquieran un tono tostado.

Presentación: Se disponen en una bandeja, se rocían con el zumo de limón y la mantequilla líquida y se acompañan con rodajas de tomate picante, pepinos y aros de cebolla.

Raan musallam
Pierna de cordero picante

J. P. Singh

Ingredientes para 4 personas

2 piernas de cordero
20 gramos de pimentón picante
200 g de yogur natural
100 g de pasta de ajo y jengibre
100 g de pasta de semillas de amapola
100 g de pasta de guindilla
150 ml de vinagre de malta
3-4 gramos de comino negro
4-5 ramitas de canela
5-8 clavos
3-4 hojas de laurel
2 l de agua
Sal

El vino

Acompañar de un vino tinto con crianza en barrica con A.O.C. Madiran (Francia), de la variedad tannat, o de un vino tinto con crianza en barrica con D.O. Toro, de la variedad tinta de Toro.

Se limpian las piernas de cordero, eliminando la grasa. En una taza, se mezcla la sal con un poco del vinagre de malta y se frotan con la preparación las piernas de cordero, que se pinchan varias veces con un tenedor. Seguidamente, se untan generosamente con parte de la pasta de ajo y jengibre y la pasta de guindilla. Se disponen en una olla lo suficientemente grande, en la que se añade una preparación realizada con la pasta de ajo y jengibre, el vinagre de malta, el pimentón picante y el yogur. Se dejan macerar y, por último, se agregan las hojas de laurel, la canela en rama y los clavos. Se incorporan dos litros de agua cuidadosamente y se llevan al horno, precalentado, hasta que estén prácticamente cocidas, más o menos un 90%. Se dejan enfriar en su salsa y, posteriormente, se untan con la pasta de semilla de amapola, un poco de aceite y se acaban de asar en el *tandoor,* hasta que estén en su punto.

Presentación: Se presentan en una fuente, muy calientes, con *chutney* de menta y aros de cebolla.

La despensa

Azafrán ***(Kesar)***
Es la especia más cara del mundo. Tiene un aroma persistente y una pequeñísima cantidad aporta un sabor penetrante y amargo, además de conceder un particular color dorado al plato.

Cardamomo ***(Elaichi)***
Se utilizan sus semillas, enteras o molidas. Aromáticas, de sabor levemente picante y ricas en aceite esencial y de eucaliptol. Los indios utilizan el cardamomo en la repostería, para embutidos y en la elaboración de *curries*. Existen dos variedades, pero la más utilizada es la del sur del país, de mayor tamaño.

Coriandro ***(Dhaniya)***
Originario de India, de esta hierba aromática del tamaño del perejil se utilizan sus hojas frescas y su semilla seca y molida. Los romanos y los judíos, al empezar a utilizarlo como condimento, libraron al coriandro de su estigma de especia venenosa y, hoy en día, en la cocina india sus semillas son uno de los componentes del *curry*. También aromatiza licores y dulces diversos.

Clavo ***(Laung)***
Procede de las flores del clavero. Sus capullos se utilizan enteros o molidos, aunque siempre con moderación, ya que su gusto es extremadamente fuerte.
El clavo da mayor consistencia, habitualmente, a vinos calientes, salsas como el *curry,* pasteles... También se utiliza para marinar pescado o carne.

Comino ***(Jeera)***
Se utiliza entero o molido (en grano o en polvo). El comino forma parte de mezclas de especias como el *garam masala* o el *curry*, aunque también condimenta carnes y quesos.

Cúrcuma ***(Haldi)***
Es conocida como el azafrán de las Indias, aunque su aroma y su sabor no son idénticos. Como aderezo de múltiples platos, se utiliza la raíz hervida, seca y molida de la planta. Aparece como ingrediente en mezclas como el *garam masala* o el *curry* (y también en la famosa salsa inglesa Worcerstershire).
Es de la misma familia que el jengibre, pero de color naranja oscuro. En India, la cúrcuma también se consume fresca, como una verdura.

Curry *(Kadi)*
Es el condimento fundamental en la gastronomía india. Su nombre procede del término local *kari*, que significa salsa de especias. De hecho, el *curry* es una mezcla de unas veinte especias. Las más comunes son cilantro, cúrcuma, nuez moscada, cardamomo, semilla de amapola, clavo, pimienta... Aunque sus ingredientes siempre varían según la región, la casta, la religión y, obviamente, los gustos de quien lo prepara. El más picante y fuerte es el *curry* de Madrás. La utilización del *curry* no tiene límites. Sirve tanto para carnes como para pescados, a la vez que acompaña platos de legumbres y arroz.

Jengibre *(Adrak)*
En la cultura culinaria india, la raíz del jengibre se utiliza habitualmente fresca, en tiras o rallada. También se emplea, en algunos casos, para la preparación de bebidas sin alcohol. De todos modos, desecado y molido, el jengibre es el complemento ideal para platos de carne y verduras, escabeches y algunas salsas.

Masala *(Garam masala, chat masala, sambhar masala)*
Como el *curry*, se trata de una combinación de distintas especias, unas 12, entre ellas canela, cardamomo, coriandro, comino, laurel, pimienta negra o jengibre. Confiere a los platos un sabor muy característico, con un agradable aroma.
El *masala* es aderezo para platos de carne, pescado, huevos, para el conocido arroz *pilaf* y para la fruta fresca, especialmente cítricos. Puede usarse como complemento o sustituto de la sal común.

Mostaza *(Rayi)*
Las semillas de las diversas variedades (mostaza negra, amarilla y blanca), tras pasar por el mortero, se acostumbran a mezclar con otras especias. Las hojas y las flores de la mostaza, además, se emplean frescas en ensaladas.

Pimentón *(Lal Mirchi)*
Su sabor es dulce y con cierto regusto picante. Se utiliza el fruto desecado y molido. Aparece sobre todo, como condimento, en platos de carne y verduras. Típico en otras gastronomías, como la española y la húngara.

Aceite de cacahuete *(Mung pali ka thel)*
Tiene aplicaciones similares al aceite de oliva. Contiene cantidades altas de grasas insaturadas y reduce el nivel de colesterol.

Arroz basmati *(Chawal Basmati)*
Es el arroz por excelencia de la cocina india. Su textura y sabor son suaves y secos. Su grano es largo y muy fino. Se caracteriza por su particular aroma. Es ideal para ensaladas y *pilaf*, aunque también acompaña multitud de platos de carne, como el *biryani,* y de legumbres, como el popular *masala dosa*. Además, la harina de arroz se utiliza también para la elaboración de fideos, pasteles y galletas.

Berenjena *(Baigen)*
Históricamente utilizada como planta ornamental, fueron los indios los primeros en utilizarla en usos culinarios. En la cocina vegetariana india, la berenjena ofrece multitud de recursos, ya sea frita, estofada o al horno *tandoor*.

Bombloe *(Bombloe)*
Aunque en la gastronomía del sureste asiático predominen los vegetales y las carnes, en India, el *bombloe* es un pescado muy apreciado. Se sirve frito o con *curry*. Su denominación puede inducir a engaño, pero el *bombloe* es el pescado empleado para la elaboración del conocido pato de Bombay.

Calabaza amarga *(Karela)*
En la dieta vegetariana, las calabazas son un alimento muy rico, desde el punto de vista nutricional, por su aporte de vitamina A. La variedad de la calabaza amarga, conocida en India como *karela,* se emplea frita, hervida, o bien como harina y base de salsas. Se consume principalmente en cremas y cocidos.

Coco *(Nariyal)*
Fruto de la palmera. Su pulpa, fresca y muy dulce, acompaña platos vegetarianos como el *chutney* de coco e, incluso, mariscos como los langostinos *(mailai)*. En repostería, el coco aparece, por ejemplo, como relleno en los panes conocidos como *peshwari nan*. También el agua de coco se bebe directamente del fruto.

Coliflor *(Gobi)*
La coliflor es la verdura más consumida en India. Cocinada con guisantes, permite elaborar el popular plato *gobi matter*. Su escaso contenido en hidratos de carbono y proteínas convierte a la coliflor en un alimento de bajo aporte calórico y, a la vez, buena fuente de fibra, vitaminas y minerales.

Cordero *(Bhakra)*
Aunque a la sombra de las verduras y las legumbres, también las carnes tienen su importancia en la gastronomía india, especialmente al norte del país. El cordero, por su carne tierna y sabrosa, es especialmente valorado y se encuentra en platos tan tradicionales como el *sheek kebab* o el *rogan josh,* con salsa de guindilla y yogur. El cordero es fuente de proteínas, minerales y vitamina B.

Garbanzos *(Chola)*
Al margen del garbanzo entero, que se usa para ensaladas y guisos varios, es su harina la que ofrece un gran abanico de posibilidades en la cocina india, gracias a una textura cremosa y un delicioso sabor. La harina de garbanzo, mezclada con agua, sirve para rebozar alimentos que luego se freirán, como las verduras de las *pakoras*. Se usa también para dulces y panes.

Guisantes *(Matar)*
Fruto de uno de los cultivos más antiguos y una de las hortalizas más consumidas en India. Aporta gran cantidad de carbohidratos y proteínas, a pesar de su diminuto tamaño. Entre los platos tradicionales indios, destaca el *sag paneer,* guisantes cocinados con queso.

Lentejas *(Dahl)*
Cumplen una función muy importante en la cocina india, donde se usan en *curries* y en guarniciones. En cualquier caso, es en el popular puré de lentejas, conocido como *dahl,* cuando esta legumbre asume su mayor protagonismo. También se utilizan en postres, como las *jalebi* fritas y con caramelo. Son bajas en grasa y tienen un alto contenido en hierro y fibra.

Mango *(Aam)*
Entre las frutas, y a la sombra del yogur, el mango tiene una entidad propia, ya sea solo, en macedonias, en pasteles o en helado. Además, el mango verde en polvo también actúa como ingrediente para agriar y condimentar muchos *curries.*

Menta *(Pudina)*
Muy utilizada en la cocina de Oriente Medio y del sureste asiático, especialmente para la preparación de postres. Los tallos y las hojas de la menta también se emplean en salsas para enriquecer carnes o se añaden a ensaladas y bebidas. Por otro lado, está presente en los *bajji raitas,* yogur con pepinos y menta.

Patata *(Aloo)*
Aunque su origen esté en América, el uso de la patata se ha extendido por todo el mundo y también ha arraigado en la gastronomía india. Así, por ejemplo, las patatas sirven de base para la elaboración de unas empanadillas conocidas como *batata vara* y que se sirven como aperitivo.

Plátano *(Khela)*
Fruta de sabor dulce que, en India, se come preferiblemente cruda, como postre. También aparece en tartas, pasteles y helados.

Pollo *(Murghi)*
El pollo es la carne por excelencia en la cocina del norte de India, donde es más evidente la influencia persa. Su producción es muy rentable, y su sabor muy apreciado. El pollo *tandoori* es una especialidad muy popular en todo el país y, de la antigua cocina *mughal* de los persas, todavía se conserva la preparación del pollo con pasas y almendras.

Queso fresco *(Paneer)*
Queso de origen indio, similar a la ricotta italiana o la cuajada española, que se prepara de manera artesanal en muchos hogares indios. Es un queso fresco a base de leche de vaca.

Salmón *(Rahu)*
Junto al *bombloe,* el salmón indio es uno de los platos más tradicionales entre los pescados. Puede prepararse de diversas maneras, pero siempre aderezado con *curry,* yogur o especias como la cúrcuma y el jengibre.

Té *(Chai)*
Es la bebida nacional de India, principal productor y exportador del planeta. El té es una bebida placentera, popular, económica y consumida diariamente por millones de indios. En India, el té se toma con una mezcla de especias para agregarle sabor. Posiblemente sea el país donde más variedades de té existan.

Yogur *(Dhai)*
Antes que las antiguas civilizaciones griegas, los indios ya aprendieron la técnica de fermentar la leche para la elaboración del yogur. Hoy en día, el yogur no es sólo el postre más típico del país, sino que además está presente en multitud de guisos, como las *gushtaba,* albóndigas con especias en yogur. Mezclado con frutas, como el plátano, la papaya o el mango, el yogur sirve también de base para los *lassis*, cremosos y refrescantes batidos.

Las bebidas

El té es la bebida nacional en India, país que lidera la producción mundial y que posee una mayor gama de variedades. Los indios lo toman con leche, azúcar y especias. Entre las bebidas refrescantes figuran el *lassi,* un batido de yogur que puede tomarse dulce o salado, y distintos tipos de zumos, como el *nimbu pani*, de lima y agua de rosas, el *jal jeera* o el *panha.*

La producción de té en India casi alcanza las 900.000 toneladas anuales, cerca del 28% de la producción mundial. Por ello, no resulta sorprendente que esta bebida sea la preferida por los indios y que, al mismo tiempo, sea uno de los pilares de la todavía maltrecha economía del país. Debido a la herencia de la colonización británica, los indios acostumbran a tomar el té con leche y azúcar, aunque existen decenas de variedades, enriquecidas por el uso de especias.

El té en India

Pese a su éxito actual, el desarrollo de la industria del té en el país es reciente, ya que sólo se remonta a la segunda década del siglo XIX. La leyenda cuenta que en 1815 se encontró una planta autóctona de té en la región de Assam, en el extremo noreste del país. Los británicos aprovecharon la ocasión para desarrollar la primera industria de té en India, que en 1837 presentó su primera muestra de té elaborado en Assam. Poco a poco y gracias al interés del gobierno colonial británico, fueron surgiendo nuevas iniciativas, que permitieron que la producción siguiera creciendo y la industria aprovechara las inigualables condiciones climáticas y de suelo de las regiones indias para su cultivo. Desde entonces, el té está presente en todos los ámbitos sociales del país y puede encontrarse en los puestos callejeros, con variedades muy fuertes y servidas con mucho azúcar, en las estaciones o los trenes, donde es habitual escuchar a vendedores al grito de *"chai garam"* (té caliente). Ante la enorme oferta, las autoridades indias han regulado la producción de té en el país, mediante una normativa que reconoce las regiones donde se elaboran los productos de mayor calidad. Según el organismo oficial Tea Board of India, entre las variedades de mayor calidad destacan las de Darjeeling, Assam y Nilgiri, que poseen su propio sello de calidad. El té de

Darjeeling, considerado uno de los mejores del mundo, crece en las laderas del Himalaya, a una altura de entre 600 y 2.000 metros. Estas especiales condiciones de cultivo le otorgan un sabor único y muy delicado, con aromas a moscatel. El té de Assam destaca por su sabor fuerte, recomendado para los amantes del verdadero sabor a té; mientras que la variedad de Nilgiri, cultivada en las montañas del sur del país, destaca por su valor energético y potente fragancia.

En la última década del siglo XX, India empezó a cultivar té de forma orgánica, con un mayor respeto por el entorno natural y con la voluntad de lograr un producto más aromático y puro. Este sistema de trabajo, en el que se evita el uso de pesticidas, aumenta la fertilidad del suelo y permite mantener el equilibrio ecológico de una región. Además, permite crear nuevas comunidades de trabajadores y mejorar su calidad de vida.

En el sur: café

Junto a la supremacía del té en todo el país, también cabe destacar la preferencia por el café de las regiones situadas en el extremo sur de India (Karanataka, Tamil Nadu o Kerala). Su sistema de cultivo, bajo árboles de intensa sombra rodeados de plantaciones de especias, le otorga un sabor suave y no demasiado ácido, que los expertos asemejan a los cafés del Pacífico.

Lassi

El gusto por los derivados lácteos está presente en las bebidas en forma de un batido de yogur helado, conocido como *lassi*. Este refresco se elabora diluyendo el yogur en un poco de agua y batiéndolo hasta que forme una espuma. El *lassi* puede ser dulce o salado, en función de los elementos utilizados para aromatizarlo.

El *lassi* dulce se sirve frío y suele incluir azúcar, agua de rosas o lima. Cada vez es más frecuente que también se utilicen frutas tropicales, como el mango o la piña. Por su parte, el *lassi* salado se toma al natural y se suele acompañar con un poco de menta fresca.

En el mismo apartado deben situarse el *lassi* especiado, también muy refrescante, con un poco de pimienta negra o comino. La variedad de especias en el país también permite encontrar diversos tipos de *lassi* en cada región.

Otras bebidas refrescantes

Junto a los batidos de yogur, India cuenta con una larga lista de bebidas refrescantes, que acostumbran a basarse en sencillos preparados de agua y frutas, con ligeros toques de especias. Una de las más populares es el *nimbu pani,* un refresco de lima o limón, preparado con agua de rosas y azúcar. También con sabor a limón, aunque reforzado por el uso de especias como el comino, asimismo destaca el *jal jeera,* una bebida refrescante y digestiva gracias a la presencia, respectivamente, de menta y comino. El *jal jeera* resulta un buen comienzo a una comida copiosa. La tercera variedad de zumo es el *panha,* elaborado con mangos especiados con azafrán y cardamomo. Otra alternativa para luchar contra el calor es el agua de coco, que acostumbra a tomarse directamente del fruto. El coco es uno de los ingredientes fundamentales en el sur de India, donde se utiliza en las salsas y en los postres. Pese a esta variedad de bebidas, las mismas autoridades indias recomiendan a los visitantes del país que eviten beber los zumos de los puestos ambulantes.

Bebidas alcohólicas

Pese a las restricciones relacionadas con el consumo de alcohol impuestas por las religiones mayoritarias, en India se observa un notable crecimiento del mercado de la cerveza y la ginebra, consumidas de forma casi exclusiva por hombres jóvenes de los principales núcleos urbanos del país. La cerveza india es barata y de buena calidad; lo mismo sucede con la ginebra o el whisky, aunque su sabor difiere un poco del gusto occidental. Como curiosidad, cabe señalar que en las regiones de Tamil Nadu y Gujarat es necesario un permiso especial para poder consumir alcohol.

Restaurantes y establecimientos

- Dirección
- Teléfono
- Fax
- Correo electrónico
- Página web

PRECIO:

- € Menos de 30 euros
- €€ Entre 30 y 60 euros
- €€€ Más de 60 euros

ALICANTE

LA PRINCESA DEL PUNJAB

Andrea Mantegna, 13.
03110 Xabia
966 470 350

PRECIO: €

Pequeño y acogedor restaurante donde degustar una recomendable cocina tradicional india, con auténtico sabor y ambiente casero.

REAL INDIA VILLAMARTÍN

C.C. Los Dolses.
03189 Orihuela
966 764 527

PRECIO: € €

Buen establecimiento especializado en cocina india tradicional. Amplia carta de clásicos. Local agradable, buen ambiente y servicio atento.

BALEARES

BAISAKHI

Avda. Gabriel Roca, 8.
07014 Palma (Mallorca)
971 736 806

PRECIO: € €

Elegante restaurante de cocina india en el paseo marítimo de Palma. Ofrece dos excelentes opciones de carta: la vegetariana o la degustación.

CURRY CLUB

Sant Antoni, 38. 07820 Sant Antoni de Portmany (Ibiza)
971 343 604

PRECIO: €

Establecimiento de cocina tradicional india. Buenos platos, especialmente el *tikka masala*, en una amplia carta de cocina vegetariana.

NAWAAB

Avda. Joan Miró, 309.
07015 Palma (Mallorca)
971 401 691

PRECIO: €

Uno de los mejores restaurantes indios de las islas, donde disfrutar de la buena cocina asiática, con gran importancia del recetario vegetariano.

TAJ

Urb. Es Muret s/n.
07702 Maó (Menorca)
971 354 070

PRECIO: €

Los sabores exóticos de India en un restaurante tradicional que tiene como especialidades el pollo *tikka* o el cordero *kofta*. Buena relación calidad-precio.

BARCELONA

ALHALAL

Arc de Sant Agustí, 5.
08001 Barcelona
933 013 467

PRECIO: €

Buen restaurante de cocina indo-pakistaní, con una carta repleta de platos tradicionales de la región.

BASMATI

París, 163. 08036 Barcelona
933 360 651
www.restaurantbasmati.com

PRECIO: € €

Vanguardista restaurante que propone la multiculturalidad en cuanto a diseño y cocina. Modernidad y tradición se combinan en la decoración. En la carta, selección de platos típicos revisados de Oriente, Persia e India.

GOVINDA

Vila de Madrid, 4.
08002 Barcelona
933 187 729
govinda@arrakis.es

PRECIO: €

Mario Ignacio Condón es el propietario de este interesante restaurante basado en la cocina tradicional vegetariana india. Un ambiente agradable y acogedor donde se ofrece una amplia carta, entre la que sobresalen el *paneer pakoras*, rollitos de queso fresco, o los *lasis*.

NAMASTE

Entença, 137.
08015 Barcelona
932 261 919

PRECIO: €

Buen restaurante indio frecuentado por compatriotas. Tanto la ambientación como la carta son tradicionalmente indios. La especialidad de la casa es el pollo *tikka* y el *tandoori*.

RANI

Bailén, 61. 08009 Barcelona
932 440 576

PRECIO: €

Vajilla, decoración y cocina tradicional de India. Amplia carta, resumida en dos menús degustación. Destacan entre ellos el cordero con salsa de almendras, el cerdo con patatas y picante o las espinacas con queso fresco.

TANDOOR

Calàbria, 144.
08015 Barcelona
934 253 206
934 102 407
tandoor@terra.es

PRECIO: €

En este restaurante se sirve cocina tradicional india basada en las especias, siempre presentes en la mayoría de las platos de una carta eminentemente vegetariana, pero con exquisitas recetas de pollo y cordero. La especialidad de la casa son los populares *tandoori*.

MADRID

ADRISH

San Bernardino, 1.
28015 Madrid
915 429 498

PRECIO: €

Restaurante con decoración típicamente india que ofrece una deliciosa cocina de especias que tiene como especialidades los arroces, el cordero y el *tandoori*. Es recomendable reservar mesa, en especial los fines de semana.

AGRA

Isabel la Católica, 9.
28013 Madrid
915 422 756

PRECIO: €

Este restaurante ofrece una amplia muestra de cocina india y pakistaní a la que se unen las barbacoas, que son la especialidad de la casa más allá del arroz con pollo, las verduras o el *kashmiri pulao*.

ANNAPURNA

Zurbano, 5. 28010 **Madrid**
913 198 716
PRECIO: €€
Gonzalo de la Torriente dirige uno de los mejores restaurantes indios de nuestro país, con bella decoración oriental y jardín interior. Propiedad de Rebecca Saunders, este local ofrece deliciosa cocina tradicional adaptada a la visión occidental, entre la que destacan las albóndigas de verduras con queso y pasas, el *curry* de langostinos o el pollo asado al *tandoori*. La empresa Baguise se encarga de repartir comida a domicilio (901 100 022).

DARBAR
Barbieri, 1. 28004 **Madrid**
915 213 193
PRECIO: €
Restaurante para tapear donde las raciones son típicos bocados de comida india. Destacan las tapas al pollo *tikka masala*, *aloo shami* o el *paneer kofta*.

DELHI
Duque de Osuna, 6.
28015 **Madrid**
615 428 451
PRECIO: €
El pollo, *tikka masala* o *tandoori*, es la especialidad de este veterano restaurante indio cuyas recetas están elaboradas con los mejores ingredientes frescos.

DOSA GRILL CAFÉ
Libertad, 17.
28004 **Madrid**
913 604 750
www.dosagrillcafe.com
PRECIO: €
Nuevo restaurante internacional y *fashion* en la zona de Chueca. En él, se puede degustar la típica *dosa* rellena con lo más tradicional del sur de India, fusionada con otras culturas gastronómicas.

EL MALANDRÍN
Almendro, 9.
28005 **Madrid**
913 540 082
PRECIO: €
En este restaurante se ofrece una cocina que mezcla recetas indias con españolas, de modo que la presa ibérica y el *paneer phajees* comparten el privilegio de ser las especialidades de la casa.

GANGES
Bolivia, 11.
28016 **Madrid**
914 572 729
PRECIO: €€
www.accua.com/ganges
La comida más tradicional de India en un acogedor restaurante con decoración de estilo indo-británico. Dos salas donde disfrutar de platos como el pollo *tikka*, el *curry* de berenjenas o el *palak paneer*, recetas destacadas por el establecimiento. Cada noche, de jueves a sábado, un grupo de músicos indios ameniza la velada.

HIMALAYA
Costanilla de los Ángeles, 18. 28013 **Madrid**
915 591 142
www.restaurantehimalaya.com
PRECIO: €
Veterano restaurante de cocina del norte de India fiel a la tradición culinaria de la región. Interesante carta, entre la que sobresalen por su elaboración el cordero con espinacas o el pollo con garbanzos.

LA CIERVA
Atocha, 104. 28012 **Madrid**
915 303 185
PRECIO: €
Establecimiento oriental, de propietarios y cocinero indios, especializado en cocina de su país. Con tres salas y capacidad para 40 personas, es un local agradable y con buen servicio.

MUMBAI MASSALA
Paseo Recoletos, 14.
28001 **Madrid**
914 357 194
www.mumbaimassala.com
PRECIO: €€
Tradicional cocina india del *Dum Pukt*, es decir, conservar la pureza de los alimentos mediante un asado a fuego muy lento. Sobresalen recetas como el *nachli kaliya* o el *murgh masala*.

NASSIB
Reyes, 10. 28015 **Madrid**
915 475 531
PRECIO: €
Decoración típicamente india la de este restaurante que tiene como especialidades el *tandoori* y los *curries*.

RAJ
Silva, 20. 28004 **Madrid**
915 222 059
PRECIO: €
Nuevo establecimiento en el que destaca el poder de las especias y platos como el *tandoori* o el *tikka masala*. Interesantes menús de degustación y servicio de comida a domicilio.

SWAJAT
Alonso Heredia, 22.
28028 **Madrid**
917 131 155
PRECIO: €
Cocina exótica tradicional de la zona del norte de India. La especialidad de la casa son el *tandoori* y los dulces artesanales típicos de esa región. Restaurante acogedor que ofrece un atractivo menú degustación y servicio a domicilio.

TAJ
Marqués de Cubas, 6.
28014 **Madrid**
915 315 059
www.restaurantetaj.com
PRECIO: €
Clásico restaurante de cocina tradicional india con las mejores y más populares recetas de cada región del país. Su respeto a los grandes éxitos culinarios le hace uno de los favoritos de los aficionados a la cocina india, que disfrutan de especialidades como los langostinos *tandoori* o el pollo *tikka*. Cuenta con otro restaurante en la calle Cruz, 13.

TAJ MAHAL

Belén, 12. 28004 **Madrid**

913 082 583

PRECIO: €

La decoración de este local es tan típica como los platos que se pueden degustar en el interior. Entre las especialidades, el *tandoori* de pollo o las recetas a base de verduras.

MÁLAGA

AROMA THE KHUSHBOOH

Avda. Ricardo Soriano, 33. 29600 **Marbella**

952 860 627

aromathekhushbooh@yahoo.co.uk

www.indiaaroma.com

PRECIO: €

Buen restaurante de cocina tradicional india, con una amplia carta de *tandooris*, arroces, mariscos, verduras y carnes, y que tiene como especialidades el pollo *bahara* o el cordero *balty*. Situado en el centro de Marbella, es recomendable reservar con antelación.

BAWARCHI

Virgen del Pilar, 13. 29600 **Marbella**

952 867 621

www.accua.com/bawarchi

PRECIO: €

Acogedor e íntimo restaurante especializado en cocina india. De entre la extensa carta surtida de especialidades asiáticas, se sugiere el pollo *tandoori*, el arroz basmati con frutos secos y los langostinos fritos, todos ellos con el toque justo habitual de las especias.

EL GANESH

El Califa, 45. 29660 **Marbella**

952 906 868

PRECIO: €

Reconocido establecimiento de comida india. Todo el sabor del recetario asiático, con predominio de arroces, platos vegetarianos y especias.

INDIAN SACHAS

Urb. Puerto Deportivo, 6B. 29680 **Estepona**

952 802 340

PRECIO: €

Situado en el centro del puerto, este local popular ofrece cocina india para consumir *in situ* o para llevar.

NATRAJ

Paseo Marítimo de Levante, 5. 29740 **Torre del Mar**

952 540 742

PRECIO: €

Amplio restaurante de cocina india que combina tradición con platos nuevos creados por sus cocineros. Especializado en *tandoori*. Tiene una buena carta de vinos y dispone de terraza frente al mar.

TASTE OF INDIA

Carabeo, 51. 29780 **Nerja**

952 520 043

PRECIO: €

En el casco antiguo de Nerja, en una de sus estrechas calles, se encuentra ente pequeño y agradable restaurante de cocina india tradicional e innovadora.

SANTA CRUZ DE TENERIFE

KRISHNA TANDOORI

Avda. Américas, s/n. 38650 **Arona (Santa Cruz de Tenerife)**

922 795 411

PRECIO: €

Buen restaurante indio que cuida todos los detalles, sin dejar ningún aspecto al azar. Todo está cuidado, tanto la presentación como el servicio y el sabor de los platos. Ofrece deliciosas recetas, con un excelente *curry* como la mejor especialidad de la casa.

VALENCIA

DARBAR

Avda. Puerto, 29. 46024 **Valencia**

963 311 583

FAX 963 300 314

PRECIO: € €

Decorado al estilo de un palacio indio, este interesante restaurante propone lo más tradicional de esta cocina oriental. Arroces, especias y *tandooris* se mezclan en una carta muy bien cuidada.

VIZCAYA

INDIAN PALACE

General Eguia, 50. 48013 **Bilbao**

944 412 101

PRECIO: €

El exotismo de la cocina india en el corazón de Vizcaya. Entre las especialidades de la casa, destacan las carnes, como el pollo *tikka*.

ZARAGOZA

EL SABOR DE LA INDIA

Fernando El Católico, 66. 50009 **Zaragoza**

976 567 952

PRECIO: €

Buen restaurante que ofrece una amplia selección con las mejores recetas de cada una de las regiones del país. Elaborados platos con todo el auténtico sabor de India.

ESTABLECIMIENTOS

BARCELONA

ASIAN POWERS

Sant Pau, 45. 08001 **Barcelona**

934 411 183

Especializado en productos alimenticios de India y Pakistán, de donde se importan los productos que ofrece. Los alimentos más populares de la región y una amplia oferta de especias. Dispone de dos tiendas más en las calles Santander, 60 y Carretes, 53.

ALIMENTACIÓN TAJ MAHAL

Sant Pau, 32. 08028 **Barcelona**

933 171 138

FAX 934 121 338

Abierto de 10:00-22:00. Domingos 10:00-13:00. Compartiendo calle con otros establecimientos especializados en alimentación internacional, esta tienda ofrece los más importantes productos de importación de India.

JK ASIAN FOOD
Sant Pau, 25.
08015 Barcelona
933 178 885
Abierto de 10:00-22:00.
Domingos tarde cerrado.
Establecimiento regentado por indios y especializado en productos de India, que cuenta con una gran variedad de especias, lentejas y salsas.
El tradicional arroz basmati y auténtico *pickle* (mango picado con salsa).

CANTABRIA

KIOSCO DE ESPECIAS ANTIGUA ERMITA
Mercado, s/n.
39004 Santander
942 31 13 66
antiguaermita@terra.es
Abierto de 9:30-14:00 / 17:00-20:00. Sábados tarde y domingos cerrado.
Este pequeño kiosco especialista en especias de todo el mundo ofrece los productos más populares de India. La esencia de la cocina india en multitud de sabores y aromas.

MADRID

ASIA
San Bernardo 5-7.
28013 Madrid
915 597 741
Abierto de 10:00-14:00 / 16:30-20:00. Domingos cerrado.
Productos tradicionales de alimentación importados directamente desde India. Tienda especializada en productos indios y de Asia oriental.

FOODLAND
Amparo, 88. 28012 Madrid
914 672 880
Abierto de 10:00-14:00 / 17:00-21:30. Sábados tarde y domingos cerrado
Tienda especializada únicamente en alimentación india. Una gran variedad de productos importados directamente desde India. Entre las especialidades más típicas destacan las más de 70 clases de especias o las 19 variedades de lentejas.

FOODLAND
Virgen del Lluc, 4.
28027 Madrid
914 041 902
Abierto de 10:00-14:00 / 17:00-21:30. Sábados tarde y domingos cerrado.
Como su tienda hermana en la calle Amparo, vende tan sólo productos originarios de India y de primera calidad. Gran variedad de oferta y la garantía de ser distribuidores de numerosos restaurantes indios.

SEVILLA

HIPER ORIENTE
Avda. Kansas City, 1-3.
41007 Sevilla
954 06 02 69
FAX 954 06 02 69
hiperoriente@yahoo.es
Abierto de 10:00-14:30 / 17:00-21:00. Domingos cerrado.
Establecimiento con 300 m^2 de productos orientales, de India y de los países de la región.
No sólo ofrece alimentos, sino también artículos culturales, de artesanía, ropa o librería.

HIPER ORIENTE
Aponte, 8. 41002 Sevilla
954 91 59 43
FAX 954 91 59 43
hiperoriente@yahoo.es
Abierto de 10:00-14:30 / 17:00-21:00. Domingos cerrado.
El segundo establecimiento de Hiper Oriente en Sevilla, más pequeño pero con los productos típicos más importantes de India y los países asiáticos.

Glosario

Asafétida

También conocida como asa fétida. Resina que se extrae de la raíz de una planta oriental de la familia de las Umbelíferas. Una vez seca y machacada, se vende en polvo y se utiliza como condimento. Se caracteriza por un olor muy acre y un sabor fuerte.

Cúrcuma

Planta herbácea de la familia de las Zingiberáceas empleada como especia y también como colorante. La variedad más empleada es la de la región de Bengala, que se utiliza en todo el sureste asiático y en India para preparar arroces, legumbres, salsas picantes y platos de pescado y marisco.

Cardamomo

De sabor levemente picante, sus semillas se utilizan tanto enteras como molidas. Aromáticas y ricas en aceite esencial y de eucaliptol. Los indios utilizan el cardamomo en la repostería, para embutidos y en la elaboración de *curries*. Existen dos variedades, pero la más utilizada es la del sur del país, de mayor tamaño.

Curry

Condimento originario de India compuesto por una mezcla de polvo de diversas especias. Da nombre al plato en que se utiliza. La palabra *"curry"* tiene una curiosa historia y mucha leyenda: se deriva de la palabra *kari*, que en el sur de India significa sofreír y también es la abreviación de una hierba aromática llamada *karipalai,* incluida en el *kari podi* o polvo de *curry* (a base de hojas de *curry,* cúrcuma, cilantro, comino, semillas de mostada, pimienta y alholva), con el que tradicionalmente se elaboraba una salsa líquida picante para aderezar el arroz. Al volver a Gran Bretaña, los colonizadores intentaron reproducirlo, curiosamente obviando las hojas de *curry*, y lo utilizaron en numerosos platos de carne y en la forma más popularizada hoy en Occidente.

Channa dahl

Además del garbanzo cocido y de la harina de garbanzo, en la cocina india se utilizan estos garbanzos amarillos partidos. Suelen cocinarse con especias para facilitar la digestión.

Chutney
Condimento agridulce elaborado con frutas o verduras, o una mezcla de ambas, cocidas con azúcar hasta que adoptan una consistencia de confitura.

Dahl
Con esta palabra se designaba tradicionalmente en India cualquier tipo de legumbre seca y partida, y a veces también pelada, aunque cada vez se emplea más el término para hacer referencia a las legumbres en general. Suele dar nombre al plato elaborado con legumbres y, en especial, se asocia al popular puré de lentejas amarillas.

Garam masala
Mezcla de especias que puede adquirirse ya preparada en tiendas especializadas. Se compone de dos partes de cardamomo en grano por cinco de cilantro, cuatro de comino, dos de pimienta negra, una de clavo, una de canela y una de nuez moscada. No obstante, cada cocinero da su toque a su mezcla de *garam masala.*

Ghee
Mantequilla clarificada con la que suelen freírse y saltearse los alimentos en India, ya que puede calentarse a temperaturas muy elevadas. Se obtiene a partir de la mantequilla de leche de vaca o de búfala y es muy apreciada por su sabor intenso.

Karela
Conocida en español como calabaza amarga o pepino amargo, da un fruto ácido muy muy valorado por sus propiedades medicinales.

Karahi
Utensilio de cocina también denominado *kadai,* de forma similar al *wok* chino aunque más pequeño y con dos asas. Se emplea sobre todo para saltear especias y preparar hortalizas.

Karipata
Hojas de *curry.*

Kulfi
Helado indio.

Masala
Término hindi genérico para designar las mezclas de especias, entre las que destacan *garam masala, chat masala* y *sambar masala.*

Mandolina
Cortador de verduras compuesto por dos hojas cortantes de acero inoxidable, una lisa y otra acanalada.

Methi
Planta de vaina larga, encorvada, plana y estrecha que encierra unas semillas amarillentas, oblongas y amargas muy usadas en India, Turquía y Arabia en la preparación de numerosos condimentos.

Moringa

Moringa oleifera o marango, conocido como el "árbol milagroso" por su gran variedad de usos. Todas las partes de la planta son comestibles, y todas ellas poseen un alto valor nutritivo.

Pakora

Pasta para rebozar elaborada a partir de harina de garbanzo y especias que se emplea en los pequeños tentempiés y aperitivos.

Panch puran

Mezcla bengalí de cinco especias en la que se combina anís en grano, comino, alholva, mostaza y ajenuz.

Papadum

Tipo de pan indio, en forma de tortita, elaborado normalmente con harina de lenteja o garbanzo, sal y aceite de cacahuete. Los hay especiados.

Ramekin

Moldes cónicos de acero inoxidable de unos siete u ocho centímetros de altura especiales para *kulfi.*

Roti

O *chapati*. Pan de harina de trigo que suele untarse con *ghee* y acompaña los platos de *curry*. Gran parte de la población, sobre todo en el norte del país, la harina de trigo es un componente fundamental de la dieta, y el pan, básico en cualquier comida.

Granada en polvo

Las semillas de granada *(anardana)* se venden secas, enteras o en polvo. Se utilizan en el norte del país, para dar un toque amargo a los platos.

Tandoor

Horno de barro en forma de tinaja para la cocción con fuego de leña. En él se cuece el pan y sobre todo carnes y pescados, a los que suele dar nombre y aportar un característico sabor terroso. Aunque es originario de Oriente Medio, en India se asocia a la vida rural de Punjab.

Tawa

Uno de los utensilios de cocina más empleados en la cocina india. Consiste en una plancha lisa de forma circular, normalmente de acero colado, con un mango. Se emplea en especial para cocer panes, como los *papadums* y los *rotis,* y también para tostar especias.

Urad dhal

Lenteja blanca. Pequeñas alubias de piel negra peladas y partidas.

Varak

Hojas comestibles finísimas de oro y plata que se utilizan en India como decoración en los postres.

Índice de recetas